AF452170

SUPPLEMENT

AU MEMOIRE

DU SIEUR

DE LA BOURDONNAIS.

A PARIS,

De l'Imprimerie de *DELAGUETTE*.

M. DCC. LI.

SUPPLEMENT
AU MÉMOIRE
DU Sᴿ DE LA BOURDONNAIS.

E Sieur *de la Bourdonnais* a crû devoir attendre la fin de l'Inftruction pour rendre compte au Public de fes Obfervations fur les nouvelles Piéces , qui font fucceffivement parvenues à fa connoiffance , depuis la diftribution de fon Mémoire. Il s'eft flatré qu'en différant d'écrire , pour raffembler dans un feul Supplément, tout ce qu'il auroit pû dire féparément fur chacune de ces Piéces, à mefure qu'elles fe font préfentées , il épargneroit au moins une multiplicité d'Écrits , dont il a craint de rebuter les perfonnes qui lui font l'honneur de lire fa Défenfe , & de s'intéreffer à fa Juftification.

Ces Piéces font au nombre de fix , dont trois tendent à charger le fieur *de la Bourdonnais* , les trois autres font totalement à fa décharge.

Les trois premieres font 1º. Une Brochure anonyme imprimée *in-*8º. en Anglois & en François , 2º. Une Déclaration foufcrite à *Pondichery* par le fieur *Friel* Neveu du fieur *Dupleix* & par le fieur *Dupleix* lui-même , 3º. Une Lettre imprimée *in-*4º. fans nom d'Auteur ni d'Imprimeur. On pourroit fans doute fe difpenfer de répondre à ces deux Anonymes , parce qu'en matiere de Procès , & fur-tout dans une affaire auffi importante que celle - ci, ces fortes

A ij

d'Écrits font toujours comptés pour rien. Cependant le sieur *de la Bourdonnais* y répondra, quand ce ne seroit que pour éviter le reproche de ne pas répondre.

Comme la Brochure a été répandue avec profusion dans le Public par les ennemis du sieur *de la Bourdonnais*, & que par conséquent elle est connue de tout le monde, il seroit assez superflu d'en faire ici une exacte analyse ; il ne sera peut-être pas aussi inutile de rapporter les différentes réflexions qu'on a faites dans le Public sur cet Ouvrage.

On s'y est d'abord partagé sur la question de sçavoir d'où partoit cet Écrit anonyme. Quelques-uns ont prétendu qu'il étoit l'ouvrage des Anglois, & qu'il avoit réellement été imprimé à *Londres*, comme le portent les Exemplaires qu'on a distribués en France. Beaucoup d'autres personnes ayant remarqué ces mots au bas du premier feuillet, *le prix est de vingt-quatre sols tournois*, & ayant d'ailleurs considéré avec attention la marque du papier, ont été pleinement convaincues qu'il ne venoit point d'Angleterre, & qu'il avoit été imprimé en France.

Cette découverte n'a cependant pas paru décider la question. Les partifans de la Brochure ont insisté en soutenant que la Traduction Françoise pouvoit à la vérité avoir été imprimée en France avec l'Anglois à côté, telle qu'on la voit ; mais que l'Ouvrage avoit été originairement fait par un Anglois, & imprimé à *Londres* en langue Angloife. D'autres ont répondu qu'il n'étoit nullement vraisemblable que cet Écrit & les Lettres qui y font insérées sous le nom des sieurs *Morse* & *Monson*, fussent en effet de ces deux Anglois, parce qu'il n'étoit pas à préfumer que dans une affaire d'État, où l'on voit qu'on a cherché des preuves dans toutes les parties du Monde, on eut négligé celles qu'on auroit eues fous fa main, si en effet quelqu'un avoit été en état d'attester, comme la Brochure le suppose, le présent de cent mille *Pagodes*, prétendu fait au *fieur de la Bourdonnais*. Cette réflexion jointe à beaucoup d'autres, qu'il feroit trop long de rapporter ici, a fait conclure à un très-grand nombre de personnes, que les sieurs *Morse* & *Monson*, n'avoient aucune part à cette Brochure. Mais ces personnes réunies d'opinion sur ce point, se font divisées sur le choix des partis que le sieur *de la Bourdonnais* pouvoit prendre dans cette conjonĉture, & en lui marquant toutes le même zèle pour sa juſtification, elles lui ont donné des conſeils qui diffèrent eſſentiellement, mais qui l'ont tous également pénétré de la plus vive reconnoiſſance.

Les uns d'un rang qui ne leur permet pas de connoître toutes les formalités de l'ordre judiciaire, ont paru craindre que la Brochure ne répandît des nuages dans les eſprits, & déſirer ſur ce point des éclairciſſemens qu'ils ont cru faciles à trouver, parce qu'ils ignorent qu'un accuſé ne ſçauroit faire aucun uſage de toutes les déclarations extrajudiciaires, qu'il pourroit ſe faire délivrer par quelques perſonnes, & en quelque forme que ce pût être ; & que d'ailleurs, il ne peut articuler des faits juſtificatifs, & demander à en faire preuve juridiquement, ſans retarder conſidérablement le Jugement définitif de ſon Procès, & ſans être obligé de garder priſon juſqu'au jour de ce Jugement. (a) Le ſieur *de la Bourdonnais* a même ſi bien reconnu l'impoſſibilité de faire valoir des Certificats, ou Déclarations extrajudiciaires, qu'il n'a pas voulu joindre au Procès, un Certificat du 31 Octobre 1749, qui lui a été envoyé de *Canton* en *Chine*, par lequel le ſieur *David Boutet* (b), Capitaine du Vaiſſeau Hollandois, qui a fait tant de bruit dans cette affaire, atteſte la fauſſeté des faits imputés au ſieur *de la Bourdonnais* ſur l'article de ce même Vaiſſeau.

Les autres mieux inſtruits des diſpoſitions des loix & de la rigueur des formes, ont penſé que la Brochure en queſtion, de quelque main qu'elle partît, ne méritoit aucune ſorte d'attention: Qu'elle n'avoit aucun caraĉtère de preuve, & qu'elle ne pouvoit jamais faire aucune foi en Juſtice, parce que c'eſt un être de raiſon, un phantôme ſans réalité, & un monſtre dans l'ordre judiciaire, qu'un témoignage ſans témoin. Ils ont fait plus, ils ont prouvé par le texte des Loix, que quand le Gouverneur & les Conſeillers Anglois de *Madraz*, ſeroient eux-mêmes venus en perſonne, dépoſer réguliérement des faits contenus dans la Brochure, leurs dépoſitions n'auroient pû être d'aucun poids ſur un fait qui les intéreſſoit ſi fort, & qui étoit tellement

(a) Art. V. du tit. XXVIII. de l'Ordonnance de 1670.
(b) Ce Capitaine étoit à terre lorſque ſon Vaiſſeau périt à *Madraz*.

devenu leur cause personnelle, qu'il ne s'agiſſoit de rien moins pour eux, que de 7. ou 800000. liv. en dépoſant contre le ſieur *de la Bourdonnais*.

Perſuadées de la vérité de ces principes, pluſieurs perſonnes diſtinguées dans la Magiſtrature & dans le Barreau, ont ſoutenu que ſieur *de la Bourdonnais*, pouvoit avec toute ſorte de ſécurité, mépriſer la Brochure Anonyme dont il s'agit, quels qu'en fuſſent les Auteurs, & que l'eſpoir, & même la certitude d'en découvrir la ſuppoſition, ou d'en confondre l'impoſture, par la ſeule voye qui fut praticable & juridique, c'eſt-à-dire, par une demande à fin de preuve de ſes faits juſtificatifs, ne devoit pas lui faire courir les riſques d'un retardement qui pourroit expoſer ſa ſanté & ſa vie, en prolongeant encore ſa captivité pendant deux ou trois années. (a)

Voilà comment le public a marqué au ſieur *de la Bourdonnais*, tout l'intérêt qu'il prend à ſon ſort, & comment chacun, ſuivant ſes connoiſſances, s'eſt empreſſé à lui faire part de ſes réflexions, & à l'aider de ſes conſeils. Mais pendant qu'une infinité de perſonnes ſe ſont ainſi occupées dans Paris du ſoin de ſa défenſe, on ne s'eſt pas apperçu que la Brochure en queſtion, portoit en elle-même, les preuves les moins ſuſpectes & les plus évidentes de ſa ſuppoſition ; ainſi ſans avoir recours à des éclairciſſemens étrangers, il eſt aiſé de ſe convaincre par la lecture de l'Ecrit, qu'il n'eſt l'ouvrage ni du Gouverneur Anglois, ni d'aucun Conſeiller de *Madraz*. Ce fait une fois démontré par la Brochure même, il ſera aſſez inutile de faire des recherches pour ſçavoir préciſément quel en eſt l'auteur, & ſous quel ſcellé la minutte manuſcrite de cet ouvrage s'eſt trouvée récemment à Paris. Qu'on ouvre donc cette Brochure, & en s'arrêtant au ſeul objet qui paroît fixer l'attention du public, qu'on péſe bien les faits expoſés par l'Anonyme ſur le prétendu préſent de cent mille Pagodes ou environ, & l'on verra clairement, que cet Anonyme ne peut être un des Anglois de *Madraz*.

On y lit pag. 55, 57, 59 & 131, qu'en traitant pour la

(a) Pour que le ſieur *de la Bourdonnais* prouvât ſes faits juſtificatifs, il faudroit commencer une nouvelle inſtruction, dans tous les lieux où la première a été faite.

7

rançon de la Place ; on fit entendre au Conseil Anglois ,
qu'outre la rançon on exigeoit une somme particuliere ;
que cette somme étant convenue, la difficulté fut de sçavoir
où on la trouveroit : qu'avant le coup de vent du 13 Octobre, elle n'étoit point encore trouvée ; que depuis on par-
vint à l'emprunter de différens Particuliers qui la prétérent
volontiers sur des obligations faites par le Conseil Anglois
au nom de la *Compagnie ;* qu'enfin cette somme jointe à
quelques Diamans qu'on y ajouta, fut employée tant à faire
le présent en question qu'à d'autres usages.

Il est dit pag. 111, 113, 119 & 137, que la *Compagnie*
ne voulut point payer ces Obligations, sans sçavoir s'il n'y
avoit point de fraude dans la conduite de ses préposés.

Enfin pag. 139 & 141, on trouve ces termes remarqua-
bles : » Quelques-uns qui ignoroient entiérement l'emploi
» qu'on avoit fait des deniers, se persuadoient qu'ils appar-
» tenoient aux principaux Habitans de *Madraz*, qui par une
» secrette & coupable intelligence avec les Employés, les
» avoient déposés dans la Caisse de la *Compagnie*, & en
» avoient tiré des obligations relatives ; ils croyoient que
» tout le montant de ces obligations étoit réellement en
» argent, & que la Caisse de la Compagnie ayant été enle-
» vée par les François , cet artifice avoit été inventé tout
» exprès pour la rendre comptable de ce qu'on leur auroit
» pris sans espoir de recouvrement, s'ils n'avoient pas ima-
» giné cette ruse. Si la chose avoit été ainsi , continue l'Au-
» teur de la Brochure , les raisonnemens de ceux qui s'em-
» portérent contre la signature de ces obligations, la trai-
» tant de procédé frauduleux, auroient été sans replique ;
» *mais ,* ajoute-t-il, *le fait est que, lorsque les François s'em-*
» *parérent de la Ville , la Compagnie n'avoit pas la valeur*
» *de 1000 sterlins en Caisse, & que les François n'y prirent*
» *pas la valeur de cette somme en argent.* Ce sont mot pour
mot les termes de la Brochure , qui méritent beaucoup
d'attention.

Or ce dernier fait est d'une fausseté avérée , puisqu'il est
notoire que les fonds de la *Compagnie* d'Angleter e trouvés
en argent comptant à *Madraz*, montoient à plus de 27000
liv. sterlins, c'est-à-dire, à plus de 630000 liv. monnoye
de France, dont le sieur *de la Bourdonnais* a rendu compte,

comme on le voit par les deux comptes rapportés dans le Cahier des Piéces Juitificatives, N°. CCXVIII, & CCXIX.

En faut-il d'avantage pour démontrer que la Brochure en
queftion, n'eft l'Ouvrage ni du Sr *Morfe* ni du Sr *Monfon*,
ni d'aucun Confeiller Anglois, puifqu'aucun membre du
Confeil n'auroit certainement avancé un fait fi manifefte-
ment faux, & fur lequel il auroit pû être confondu par les
piéces les moins fufpectes, & par la notoriété publique.

Pour peu qu'un Lecteur inftruit, examine avec attention cette même Brochure, il y trouvera bien d'autres traits
capables de démontrer aux plus opiniâtres, que c'eft un
Ecrit fuppofé. Pour ne pas ennuyer, on fe contentera d'en
rapporter encore un qui eft frappant : Le voici.

Suivant la Brochure les obligations foufcrites au nom
de la *Compagnie*, pour l'emprunt des deniers deftinés à former le prétendu préfent de cent mille Pagodes, furent faites le 30 Septembre 1746, vieux ftyle, ce qui revient au
11 Octobre fuivant, felon notre maniere de compter. Cela
n'eft point contefté. Ainfi pour raifonner d'après la Brochure, il faut fuppofer, comme elle le fuppofe par tout,
(Voyez pag. 51, 113, 133, 137, & 139) que le prétendu emprunt fut confommé, & les obligations faites le 11
Octobre 1746.

Mais, fuivant cette même Brochure, il paroît d'un autre côté que l'emprunt n'étoit point encore fait le 14 Octobre 1746. Voici en effet comment s'explique la Brochure
pag. 57. » Etant donc convenus de la fomme que nous de-
» vions payer en particulier (c'eft le fieur *Monfon* qu'on fait
» parler) il nous reftoit encore une difficulté de fçavoir où
» trouver l'argent ; ce qui nous occupa fi longtems, *qu'avant*
» *que nous puffions en faire la levée*, *il furvint une tempête*,
» qui fit périr quelques-uns des Vaiffeaux ennemis, & les
» autres en furent fi maltraités, que les François fe déter-
» minérent à quitter *Madraz* le plutôt qu'ils pourroient. »
Or l'époque de cette tempête eft très-connue, & tout le
monde fçait qu'elle arriva la nuit du 13 au 14 Octobre 1746.
La fixation de cette époque, ou le prétendu préfent ne
pouvoit encore avoir été livré, puifque l'argent n'étoit pas
levé, eft une preuve décifive contre tout ce qu'on a débité
au fujet d'une convention particuliere. Les Anglois fçurent
alors

alors que le ſieur *de la Bourdonnais* remettroit leur Vil̄e au ſieur *Dupleix* pour la garder juſqu'en Janvier. Le retardement de l'évacuation de la Place, & la remiſe entre les mains d'un homme, dont la fidélité à obſerver le Traité devoit être fort ſuſpecte, après tous les efforts qu'il avoit fait pour l'annuller, étoient chacun un motif bien ſuffiſant pour faire rompre cette convention, ſi elle eût exiſté ; car enfin il n'eſt pas concevable que les Anglois euſſent fait un préſent ſi conſidérable à un homme qui s'ôtoit les moyens de les faire jouir des avantages qu'ils achetoient. Si l'on ne ſuit pas le ſyſtême de la Brochure, & que l'on prétende que le préſent ait été fait avant que les Anglois euſſent connoiſſance de ces nouveaux arrangemens, il faudra toujours en revenir à avouer qu'au moment qu'ils les ont appris, & encore plus lorſque le Traité a été rompu, ils ont dû reclamer leur argent.

L'Extrait que l'on vient de citer fournit encore une réflexion auſſi importante. En effet, comment concevoir que l'emprunt ne fut pas encore fait le 14 Octobre, & que les obligations, qui ſuppoſent l'emprunt conſommé, fuſſent faites dès le 11 du même mois, c'eſt-à-dire au moins trois jours avant l'emprunt ? En vérité peut-on penſer qu'un Anachroniſme de cette eſpéce eût échappé à des Conſeillers du Conſeil de *Madraz*, par les mains deſquels auroit paſſé la prétendue négociation dont parle la Brochure ? Il faut donc de toute néceſſité reconnoître que le libelle en queſtion, répandu avec tant d'affectation par les ennemis du ſieur *de la Bourdonnais*, eſt un ouvrage de leur compoſition.

Mais pendant qu'on a travaillé en *France* à cette piéce anonyme, on en a fabriqué une autre dans les *Indes*, & comme l'extrême diſtance des lieux n'a pas permis aux Artiſans de toutes ces impoſtures de prendre langue, & de ſe concerter enſemble, il eſt arrivé que par la diſcordance & les contradictions des faits qu'ils ont imaginés, ils ont les uns les autres, ſans le ſçavoir, mutuellement détruit leur ouvrage. On en va juger par la ſeconde des deux piéces qu'on a annoncées au commencement de ce Mémoire.

Cette piéce qui a été repréſentée au ſieur *de la Bourdonnais* par M. le Rapporteur, eſt une déclaration faite à *Pon-*

dichery par le sieur *Friel* neveu du sieur *Dupleix*, & signée tant de l'oncle que du neveu. Le sieur *Savage*, dont on va voir qu'il y est fait mention, étoit un Anglois Conseiller au Conseil de *Madraz*, & qui depuis la rupture du Traité étoit resté prisonnier de guerre à *Pondichery*.

Mais comme on ne sçait point en France ce que c'est que le sieur *Friel*, il est bon de le faire connoître, & le sieur *de la Bourdonnais* ne sortira point des bornes d'une défense légitime, lorsqu'en deux coups de pinceau il en ébauchera ici le portrait. L'Ordonnance lui donne le droit de fournir des reproches contre tous ceux dont on lui oppose le témoignage, & ces reproches, suivant les Loix, peuvent être tirés de toutes les circonstances, qui tendent à rendre la foi du témoin suspecte : or, suivant ces mêmes Loix, il n'y en a point qui soient plus propres à produire cet effet, qu'un défaut de mœurs & de probité, bien public & bien avéré. On ne rapportera que deux traits sur lesquels on va juger si le sieur *Friel* est dans le cas de ces Loix.

Tout ce qu'on sçait de son origine, c'est qu'il est Irlandois de Nation. Il passa dans l'*Inde* en qualité de Pilotin. Il entra ensuite au service du sieur *de la Métrie*, & fut successivement son Commis & son Homme - d'affaires à la Chine. Dans un voyage qu'il fit à la *Cochinchine*, il sçut gagner la confiance du Roi de ce Pays, qui lui confia quarante pains d'or, destinés non seulement à l'achapt d'un magnifique Carosse, que le sieur *Friel* s'étoit chargé de lui faire venir de France, mais aussi encore aux frais de l'éducation de deux jeunes *Cochinchinois*, qui devoient être mis au Collége. Chargé de cette double Commission, le sieur *Friel* à son retour de la *Cochinchine* ne s'acquitta ni de l'une ni de l'autre ; & il est de notoriété publique dans l'*Inde* qu'il a gardé les 40 pains d'or, qu'il n'a envoyé aucun Equipage au Roi de la *Cochinchine*, & qu'il a réduit en servitude, & retenu à son service les deux jeunes *Cochinchinois*, dont ce Souverain lui avoit confié l'éducation. C'est ce qui dans l'*Inde* l'a toujours fait regarder avec horreur des Anglois, des François, & des Naturels du Pays. Il n'y a pas d'Officier de la Compagnie des *Indes* qui ne puisse attester ce fait. Voici un autre trait qui a moins éclaté dans l'*Inde*, mais qui n'en est pas moins constant.

Pendant que le fieur *Paradis* étoit Gouverneur de *Ma-draz*, & que le fieur *Dupleix* lui avoit donné pour Conſeiller le fieur *Friel*, un Vaiſſeau *Maure* arriva dans la Rade char-gé de Cire & de Calin. Le Calin eſt une eſpéce d'Etain. Les fieurs *Paradis* & *Friel* voyant que le Capitaine *Maure* ſe préſentoit de bonne foi pour commercer, lui permirent de débarquer toutes ſes Marchandiſes, avec promeſſe de lui laiſſer toute la liberté poſſible de les vendre comme & à qui il jugeroit à propos, ainſi que cela ſe pratique dans tous les Ports de l'*Inde*. Mais dès que les Marchandiſes furent dé-barquées, la liberté de la vente lui fut interdite, & ils le for-cerent de leur abandonner à eux ſeuls ces marchandiſes au prix qu'ils voulurent. Il eut beau ſe plaindre, il fallut en paſ-ſer par-là. Quelque tems après le fieur *Cotterel* ayant été en-voyé à *Paliacatte* pour donner des avis de ce qui ſe paſſoit dans cette partie de la Côte, le fieur *du Laurent*, qui étoit alors Gouverneur de *Madraz*, & qui voyoit avec regret qu'il ne ſe faiſoit aucun commerce, écrivit au fieur *Cotterel* d'engager les Marchands *Maures* ou *Malabares* de venir commercer à *Madraz*, & de les aſſurer qu'on leur procure-roit tous les agrémens & toutes les facilités convenables. Le fieur *Cotterel* s'acquitta de cette Commiſſion. Mais il trouva les Commerçans de cette Côte ſi bien inſtruits de l'infidélité des fieurs *Paradis* & *Friel*, qu'ils lui proteſterent que quand ils auroient cent Vaiſſeaux, aucun n'iroit jamais commercer dans les Etabliſſemens François. Quoiqu'on ne tienne pas ce fait du fieur *Cotterel*, mais de pluſieurs autres Officiers de la *Compagnie*, on ne doute pas qu'il n'en atteſte la vérité. Comme il eſt à Paris, on peut ſçavoir de lui ce qui en eſt.

Voilà quel eſt ce fieur *Friel*, que la crainte de la confron-tation a empêché de dépoſer en Juſtice, & qui préciſément parce qu'il n'eſt pas confronté, ne ſçauroit jamais faire char-ge contre le fieur *de la Bourdonnais*, ni dans une dépoſition juridique, ni encore moins dans une déclaration extrajudi-ciaire.

Il faut cependant rapporter la ſubſtance de cette déclara-tion, que le fieur *de la Bourdonnais* rend ici de mémoire. Ceſt le fieur *Friel* qui y parle.

Ce jour 11 *Août* 1747, M. Dupleix *m'ayant fait venir pour* luï interpréter (en François) ce que M. Savage vouloit lui dire, (en Anglois) au moment où il partoit de Pondichery pour Goudelour, j'ai entendu ce qui suit :

D'abord M. Savage a remercié M. Dupleix des égards & des attentions qu'il avoit eus pour lui pendant son séjour à Pondichery, & lui a assuré qu'il en étoit très-reconnoissant : sur quoi M. Dupleix lui a dit, pour me témoigner votre reconnoissance, Monsieur, dites-moi, je vous prie, ce que le Gouverneur & le Conseil de Madraz ont donné à M. de la Bourdonnais. M. Savage a paru fort surpris de cette demande, & a répondu à M. Dupleix : que diriez-vous de moi, Monsieur, si je vous revelois ce secret ? Pour rassurer M. Savage, & pour l'engager à parler, M. Dupleix lui a dit qu'il lui donnoit sa parole d'honneur que jamais il ne parleroit à personne de la confidence que M. Savage pourroit lui faire, & qu'il n'en feroit jamais aucun usage contre qui que ce fut. Alors M. Savage m'a demandé à moi Friel la même parole d'honneur, que je lui ai donnée, & me suis de même engagé de ne jamais répéter ce que diroit M. Savage. Après ces paroles données, M. Savage a dit que l'on avoit promis à M. de la Bourdonnais cent mille Pagodes, à condition que la Ville ne seroit point pillée, & que les effets des habitans leur seroient conservés. M. Dupleix ayant demandé si M. de la Bourdonnais avoit reçu toute cette somme : Non, a répondu M. Savage, il n'a reçu que quatre-vingt-cinq à quatre-vingt-dix mille Pagodes. Mais, a dit M. Dupleix, qui est-ce qui a payé cette somme ? M. Savage a répondu qu'elle avoit été payée par les Habitans. M. Dupleix a insisté pour sçavoir si les Malabares en avoient payé leur part, & M. Savage a répondu qu'il n'en sçavoit rien. Ce que je sçai, a-t-il dit, c'est que les habitans de Madraz ont été furieux de voir qu'après avoir ainsi payé une contribution pour se racheter du Pillage, on avoit dans la suite gardé leur Argent, ruiné leurs Maisons, & pillé leurs effets. Ils en ont fait, a ajouté M. Savage, des reproches sanglans à M. Morse, & vous entendrez parler de tout cela dans les papiers publics d'Angleterre. Mais je m'étonne, a continué M. Savage, que vous ne sçachiez pas toutes ces particularités, puisque vos Messieurs qui étoient alors à Madraz, les sçavent toutes. J'en sçavois quelque chose, a répondu M. Dupleix, mais je voulois sçavoir de vous le vrai de cette affaire. Ensuite comme M. Savage étoit chargé à Madraz des

Comptes de l'argent ; M. Dupleix (ou le fieur Friel ; le fieur *de la Bourdonnais* ne fe fouvient lequel des deux a fait la queftion) *lui a demandé combien il reftoit d'argent à la Compagnie lorfque M.* de la Bourdonnais *eft entré dans la Ville, & que M.* Savage a répondu *qu'il y avoit dix-huit Caiffes de Piaftres. Laquelle converfation je certifie véritable , &c.*

Voilà en fubftance ce que contient cette déclaration, qui eft, comme on l'a dit, revêtue des fignatures du Sieur *Friel,* & du Sieur *Dupleix.* Ce dernier ne parlant point dans l'acte, paroît à la vérité ne l'avoir figné que pour donner à cette piéce un air d'autenticité ; mais on fent bien que cette fignature du Sieur *Dupleix* emporte de fa part un aveu de la Piéce. On peut donc avec grande raifon la regarder comme un ouvrage commun à l'oncle & au neveu.

D'abord pour écarter cette piéce d'un feul mot, il fuffit de faire obferver que c'eft une déclaration *extrajudiciaire.* Perfonne n'ignore en effet que toutes les Loix, & toutes nos Ordonnances s'accordent à rejetter comme incapables de faire aucune foi, les déclarations *extrajudiciaires,* de quelque perfonne que ce foit ; c'eft une maxime trop connue, pour qu'il foit befoin de rapporter ici toutes les difpofitions de ces Loix & de ces Ordonnances.

D'ailleurs, quand la raifon & les Loix permettroient en général d'ajouter foi à des déclarations extrajudiciaires, ce qui n'eft pas, il eft fenfible que celle dont il s'agit ici, feroit toujours inadmiffible, par cette raifon décifive qu'elle feroit l'ouvrage du Sieur *Dupleix* & du Sieur *Friel* fon neveu ; c'eft-à-dire de deux hommes, qui font avec raifon regardés & dans l'*Inde,* & dans la France, comme les mortels ennemis du Sieur *de la Bourdonnais.*

Mais s'il eft vrai que cette piéce foit incapable de rien prouver contre le Sieur *de la Bourdonnais,* ne peut-on pas dire qu'elle prouve tout contre ceux qui l'ont fabriquée ? De quel œil en effet peut-on envifager ceux hommes, qui volontairement, & fans contrainte viennent déférer à la Juftice, dans un acte figné d'eux, des faits qu'ils déclarent en même tems ne leur avoir été confiés que fous le fceau du fecret, & fur la foi d'une parole d'honneur, par laquelle, de leur propre aveu, ils s'étoient engagés de n'en parler à qui que ce fut, & de ne les jamais réveler ? Ne faut-il pas être prodigieufement aveuglé par la paffion, pour facrifier ainfi en pure perte à l'envie de nuire, jufqu'à fon honneur même ? On peut juger par ce feul trait du caractère des hommes qui travaillent depuis fi long-tems à foulever l'*Inde* & la France contre le fieur *de la Bourdonnais*. On le demande aux plus zélés partifans du Sieur *Dupleix*, que peut-on répondre ici pour fa juftification & pour celle de fon neveu ?

De ces premieres réflexions veut-on paffer à un examen plus détaillé du fond de cette déclaration. On voit par le peu de vraifemblance, & par les contradictions des circonftances qu'elle raffemble, que cette prétendue confidence du Sieur *Savage* eft une fable groffierement imaginée par l'oncle pour être débitée par le neveu ?

Y a-t-il d'abord de la vraifemblance dans le myftere que le Sieur *Savage* veut faire au Sieur *Dupleix* fur le fait des cent mille Pagodes ; dans la répugnance qu'il a de s'expliquer fur ce point ; dans la crainte où il eft de faire mal penfer de lui, s'il dit ce qu'il en fçait, & enfin dans les précautions qu'il prend pour s'affurer qu'on lui gardera fur tout cela un fecret inviolable ? Comment peut-on concilier toutes ces circonftances exprimées dans la déclaration, avec tout ce qu'on y fait dire d'ailleurs à ce même Sieur *Savage*, fur la publicité du prétendu préfent de cent mille Pagodes ? Car enfin dans la déclaration en queftion, après avoir repréfenté le Sieur *Savage* comme un homme qui craint de parler, qui refufe de s'expliquer fur l'article des cent mille Pagodes, qui rougit d'en ouvrir la bouche, qui ne confent enfin d'en faire la confidence que fous le fceau du fecret, on lui fait dire dans le même inftant, qu'il eft étonné que le Sieur *Dupleix* ignore ce même fait, & qu'il n'en fçache pas même jufqu'aux moindres particularités, parce que, felon le Sieur *Savage*, elles font publiques depuis long-tems. Et comment prouve-t-il qu'elles font publiques ? C'eft en difant que tous les Habitans de *Madraz* les fçavent comme lui-même ; c'eft en faifant fentir qu'en effet ils ne peuvent les ignorer, puifque ce font eux, dit-il, qui ont fourni cette contribution de cent mille Pagodes ; c'eft enfin en ajoutant que tous les Officiers envoyés à *Madraz* par le Sieur *Dupleix* pour y former un Confeil, les avoient sçûes eux-mêmes, & qu'ils avoient été témoins, comme lui, des reproches faits sur cela au Sieur *Morse*, Gouverneur, par les Habitans de *Madraz*. Que le Sieur *Dupleix* & le Sieur *Friel*, ou leurs Apologistes expliquent donc, s'ils peuvent, pourquoi le Sieur *Savage* ne révéloit que comme un grand secret un fait, qui, selon lui-même, étoit public, & connu de tout le monde, ou bien pourquoi, si le fait étoit secret, il en attestoit la publicité.

Ceux qui sçavent que le sieur *Dupleix* a tenu pendant très-long-tems le Gouverneur & les Conseillers du Conseil de *Madraz* prisonniers de guerre à *Pondichery*, seront encore curieux de sçavoir pourquoi, maître d'interroger tous les Membres de ce Conseil, sur les cent mille Pagodes en question, il paroît n'avoir questionné sur ce fait que le sieur *Savage*, & pourquoi ce Conseiller est le seul dont il cite le témoignage. Un mot suffit pour rendre compte de cette singularité. Le sieur *Savage* est mort depuis long-tems.

On concevra plus difficilement que tout le peuple de *Madraz* ait fourni une contribution pour se racheter du Pillage ; qu'il se soit plaint hautement de ce qu'on le pilloit malgré la convention ; que dans le tems de ces plaintes publiques, & depuis le départ du sieur *de la Bourdonnais*, le sieur *Dupleix* maître absolu dans *Madraz* y ait fait informer juridiquement pour constater ce fait des cent mille Pagodes, & que dans toutes les informations qu'il a fait faire par le ministére des ennemis même du sieur *de la Bour-donnais*, soit à *Madraz*, soit à *Pondichery*, il n'y ait pas un seul témoin qui ait déposé de ce fait, & qu'au contraire plusieurs témoins en ayent attesté la fausseté. N'est-ce pas là un prodige incompréhensible ? Mais on ne prétend pas épuiser ici les réflexions qui se présentent en foule, pour démontrer de cent manieres différentes l'absurdité de cette calomnieuse déclaration. On supplie seulement MM. les Commissaires de faire attention qu'après des informations sans nombre faites à *Madraz*, à *Pondichery*, & en France, il ne s'est trouvé sur quatre ou cinq cens témoins entendus, que quatre personnes qui ayent jamais parlé de ce prétendu présent de cent mille Pagodes, & que ces quatre personnes sont le sieur *Dupleix*, le sieur *Desprémesnil* son gendre, & les sieurs *Kerjean* & *Friel*, tous deux ses neveux. Par quelle tardité le sieur *Dupleix* & sa famille sont-ils les seuls dans tout *Madraz* & dans tout *Pondichery* qui ayent des yeux & des oreilles?

Au fond, que disent ces quatre hommes liés d'intérêt, & conjurés pour la perte du sieur *de la Bourdonnais?* Le sieur *Despréménil* dit, *qu'il a entendu dire au sieur* Dupleix *qu'un Anglois lui avoit dit qu'on avoit donné au sieur* de la Bourdonnais *cent mille Pagodes.* Ne voilà donc d'abord qu'un *oui dire*, fondé sur un autre *oui dire* d'un anonyme. Le sieur *Kerjean* a déposé, *qu'il avoit entendu dire à un Juif que les Anglois avoient donné cent mille Pagodes au sieur de la Bourdonnais, & que lui Juif, pour contribuer à ce présent, avoit été taxé à sept mille Pagodes,* (a) *qu'il n'avoit point payées.* Ne voilà donc encore qu'un *oui dire* d'un anonyme. Enfin on voit ce qu'ajoutent à ces *oui dire* la Déclaration extrajudiciaire signée des sieurs *Friel* & *Dupleix*, & la Brochure anonyme qu'on a répandue dans le public. Quand ces deux dernieres piéces, qui viennent à l'appui de ces *oui dire*, ne seroient pas rejettées par toutes les Loix comme incapables de faire aucune foi, n'est-il pas évident que tous les caractéres de fausseté, & les contradictions qu'elles renferment d'ailleurs, suffiroient seuls pour leur ôter toute croyance? Ne voit-on pas en effet qu'elles se détruisent réciproquement? L'une, par exemple, parle de la prétendue convention des cent mille Pagodes, comme d'un traité *fort secret;* & l'autre l'annonce comme une négociation *publique,* que tout le monde a connue. L'une suppose que la somme a été empruntée & payée par la Compagnie d'Angleterre, à qui l'on en demande aujourd'hui le remboursement; & l'autre atteste qu'elle n'a été ni empruntée ni payée par la Compagnie, mais que ce sont les Habitans qui l'ont payée par forme de contribution. L'une enfin dit que lors de la prise de *Madraz* les François n'y ont pas pris sur la Compagnie la valeur de 1000 livres sterlings en argent, c'est-à-dire environ vingt-trois mille livres de notre monnoye; l'autre dit qu'il y

(a) Voici une nouvelle contradiction avec la Brochure, qui bien loin de dire que les Habitans ont été taxés, prétend au contraire qu'ils ont prêté de bon gré leur argent, & qu'on leur a fourni des Obligations pour la valeur.

avoit

avoit dix-huit caiſſes de piaſtres, c'eſt-à-dire de notre monnoye environ 360000 livres, en ſuppoſant toutes les caiſſes
complettes à 4000 piaſtres par caiſſe, comme elles le ſont
ordinairement ; & toutes deux accuſent faux en ce point,
puiſqu'il y avoit réellement 24 caiſſes d'argent, qui contenoient tant en piaſtres qu'en roupies d'or & d'argent plus
de 630000 livres de notre monnoye, dont le ſieur *de la
Bourdonnais* a rendu compte. Ce ne ſont pas là de ſimples
équivoques de mots, mais des contradictions très-réelles,
& qui ſe trouvant dans le fonds des choſes mêmes, démon-
trent tout à la fois la ſuppoſition de la Brochure, & la
fauſſeté de la Déclaration.

Qu'on enviſage donc ici d'un œil impartial quelle eſt la
ſituation du ſieur *de la Bourdonnais* ſur ce chef d'accuſation,
concernant le prétendu préſent de cent mille Pagodes. Il
n'eſt pas douteux que plus l'accuſation eſt grave, plus les
preuves en doivent être préciſes & non ſuſpectes.

Or il eſt conſtant que ſur ce fait il n'y a abſolument aucunes preuves, c'eſt-à-dire aucunes piéces écrites, ni aucunes dépoſitions de Témoins, telles que chacune en particulier ou toutes enſemble puiſſent avoir, ſuivant les Loix, la
force & le caractère de preuve. Les dépoſitions ſe réduiſent
à deux *oüi-dire*, & les preuves écrites, à un Libelle anoni-
me, & à une déclaration extrajudiciaire ; & l'on convient
que tout cela réuni ne forme pas le moindre degré de preuve.
Il eſt donc d'abord indubitable & dans le Fait & dans le
Droit, que faute de preuves l'accuſation s'évanouit.

Mais veut-on forcer les règles, & aſſujettir un Accuſé à
prouver la fauſſeté d'un fait qu'on lui impute ſans preuves ?
En un mot, veut-on exiger de lui, ce qu'on ne ſçauroit rai-
ſonnablement exiger de perſonne, & l'obliger à prouver une
négative ? Le ſieur *de la Bourdonnais* la prouve par le témoignage des Témoins mêmes qu'on a fait entendre contre
lui, tels que ſont entr'autres le ſieur *de Barville* Officier, &
le Pere *Bathe*, qui ont dépoſé tous deux, qu'il eſt vrai que
les Anglois devoient faire un préſent au ſieur *de la Bourdonnais*, mais qu'il le refuſa. Le dernier de ces deux Témoins
qui eſt un Religieux d'une vertu reconnue, a même atteſté
que ce fut lui qui alla de la part du ſieur *de la Bourdonnais* annoncer aux Anglois le refus du préſent qu'ils lui deſtinoient.

C

Ainſi non-ſeulement il n'y a point de preuve que le préſent
en queſtion ait été fait, mais il y a au contraire des preuves
poſitives, & très-juridiques, qu'il ne l'a jamais été. C'eſt
ce qui vient de faire dire récemment au ſieur *Cotterel* dans ſa
dépoſition, que ce *fait des cent mille Pagodes étoit une calomnie ridicule.* Voilà donc trois Témoins qui certifient la fauſſeté du préſent, pendant que d'un autre côté il n'y en a pas
un ſeul qui en atteſte la vérité.

Enfin, qu'on examine, qu'on péſe toutes les circonſtances
qui peuvent ſur ce point fournir quelque éclairciſſement, ou
quelques préſomptions ; on voit que tout vient à l'appui de
ces preuves, & que tout s'accorde pour perſuader la fauſſeté de l'accuſation. D'un côté les piéces qu'on adminiſtre
pour la ſoutenir, ſe contrediſent ſi eſſentiellement, que leurs
ſeules contradictions ſuffiſent pour en déceler le faux ; d'un
autre côté, la conduite du Sr *de la Bourdonnais* & celle des
Anglois ſemblent apporter à ce corps de preuves le dernier
degré d'évidence, en faiſant voir que ce qui eſt déja prouvé
n'être pas vrai, n'eſt pas même vraiſemblable. Car enfin, peut-
on concevoir qu'ayant reçu un préſent ou la promeſſe d'un
préſent de cent mille Pagodes pour la rançon de *Madraz*, le
ſieur *de la Bourdonnais* eût propoſé aux Anglois dès le lende-
main des conditions arrêtées, c'eſt-à-dire le 27 Sept. 1746, de
lui rendre ſa parole, & d'annuller les conditions de la rançon,
pour prix deſquelles on ſuppoſe que ces cent mille Pagodes
lui étoient données ? Comprendra-t-on encore qu'après ces
cent mille Pagodes données pour prix & ſous condition de
la rançon, cette rançon n'ait point eu lieu, qu'on ait au contraire pillé la Ville, & que les Anglois n'ayent demandé
la reſtitution de leurs cent mille Pagodes, ni dans l'*Inde* au
ſieur *Dupleix*, qui ſur cela auroit ſûrement écouté leurs de-
mandes & leurs plaintes très-favorablement, ni en Angleterre
au ſieur *de la Bourdonnais*, lorſque le tenant priſonnier de
guerre à *Londres*, il leur étoit ſi facile de ſe faire rendre le
prix d'un Traité dont l'inexécution les mettoit en droit de ré-
peter les ſommes, qu'ils avoient payées ſur la foi de ce même Traité ? Mais c'eſt peut-être trop s'arrêter ſur un fait qui
ſe détruit de lui-même, & ſur lequel on devoit ſe contenter
de renvoyer à ce qui a été dit depuis la page 268 du Mémoire
juſqu'à la page 274. Paſſons donc à la troiſiéme Piéce, qui
eſt la Lettre anonyme in 4o.

Cette Lettre eſt donnée au public pour une réponſe en forme au Mémoire du ſieur *de la Bourdonnais* ; l'Auteur, pour excuſer la ſingularité de l'entrepriſe , y explique à la fin de l'Ouvrage, les motifs qui l'ont déterminé à prendre la plume dans une affaire où il paroît n'avoir perſonnellement aucun interêt. Il aſſure avec toute la ſincérité qu'on peut attendre d'un homme qui craint de ſe faire connoître, qu'il ne prend ici parti qu'en qualité de bon Citoyen : en un mot , c'eſt un homme ſans paſſion, un partiſan de la vérité , que l'amour de la juſtice & le zèle du bien public animent , & qui ſe défiant des lumieres des Juges & du Public, veut bien prendre la peine de les éclairer.

Pour remplir cet important objet, la Lettre inſinue d'abord fort ingénieuſement , que le Public eſt un imbecille qui ſe laiſſe éblouir par des apparences, qui prend un Roman pour une Hiſtoire , & qui juge par ſentiment ce qui ne peut être décidé que par des raiſons ; & pour mieux faire connoître à ce Public imprudent ſon illuſion , l'Auteur s'engage de lui faire voir par l'Ecrit même qui l'a ſéduit, l'erreur & l'indiſcretion de ſes jugemens. Voyons comment il tient parole.

Il annonce pag. 2. trois chefs d'accuſation, & avant que de les établir , il commence par écarter avec un Laconiſme fort commode, les 50 premieres pages du Mémoire du ſieur *de la Bourdonnais*. Quatre mots ſuffiſent, ſelon lui , pour détruire tout le merveilleux des faits renfermés ſous cette premiere époque, qu'il regarde comme étrangere à l'affaire préſente. Voici ſes termes pag. 3. » Le Défenſeur » du ſieur *de la Bourdonnais* a ſenti qu'il n'avoit point de » contradicteur à craindre , il s'eſt tout permis. Mais un » Arrêt du Conſeil qui permet aux Habitans de l'*Iſle* de » *Bourbon* de prendre le ſieur *de la Bourdonnais* à partie ; » la miſere des Habitans de l'Iſle de *France* & de *Bourbon;* » l'inexiſtence des monumens que le Défenſeur du ſieur *de* » *la Bourdonnais* éleve à la gloire de ſon Héros; la fauſſeté » avérée des prétendues cultures établies dans les *Iſles* ; la » certitude des dépens immenſes que le ſieur *de la Bour-* » *donnais* a fait faire à la *Compagnie* , dont il ne reſte pas » même de traces dans ces Iſles ; tous ces faits ſont conſ- » tans, ils exiſtent. Je ne m'arrêterai pas , continue l'Au-

« teur, à vous en détailler les preuves. C'eſt à la Compa-
» gnie des *Indes* à les produire.

Si l'on ſe rappelle quelle prévention régnoit dans le public contre le ſieur *de la Bourdonnais*, & par combien de
bouches vendues à la calomnie cette prévention étoit
journellement entretenue dans tous les quartiers de Paris, lorſque le Défenſeur du ſieur *de la Bourdonnais* ſe
chargea d'écrire pour lui, on ſe perſuadera ſans peine qu'il
étoit fort éloigné de penſer qu'il n'eût aucun contradicteur
à craindre. Il ſentoit trop bien tout ce qu'on pouvoit re-
douter des efforts d'une cabale, qui étoit comme engagée
d'honneur à tout tenter pour perdre un innocent, qu'elle
avoit intérêt de faire paſſer pour coupable ; ſi donc la
crainte de la contradiction avoit été un motif néceſſaire
pour l'empêcher, de hazarder des faits faux, ou douteux,
on peut dire qu'il auroit bien été dans le cas d'être retenu
par cette conſidération, puiſqu'il eſt vrai que dans les circonſtances où il écrivoit, il ſembloit que, graces aux ſuc-
cès étonnans de l'impoſture, il dût s'attendre à trouver preſ-
que autant de contradicteurs que de lecteurs. Mais au fond
quelle inquiétude pouvoit-il avoir, & quelle contradiction
pouvoit-il appréhender ſur des faits qui ſe trouvoient tous
ou juſtifiés par des preuves écrites, ou atteſtés par tous les
honnêtes-gens qui ſont au ſervice de la *Compagnie* dans les
Indes ?

Qu'oppoſe donc l'Auteur de la Lettre à des faits ſi bien
prouvés, à des faits qui ſont d'ailleurs de notoriété publique, & conſtatés par les Lettres du Miniſtre même (a). Se
flatte-t-il de les détruire en les niant, & a-t-il cru en être
quitte en avertiſſant qu'il ne donneroit aucunes preuves
de ſa dénégation, & que c'eſt à la Compagnie des *Indes* à
les produire ? C'étoit donc auſſi à elle qu'il faloit laiſſer le
ſoin de nier ces faits. Mais comment les niero-t-elle, pendant que tous ſes Bureaux contiennent tant de preuves de
tous les travaux utiles & de tous les établiſſemens avanta-
geux que le ſieur *de la Bourdonnais* a faits dans les *Iſles*,

______

(a) V. les Piéces N°. IX pag. 11 N°. Cette Piéce eſt datée du 5 Mai 1747. il faut lire 1745. C'eſt une faute d'impreſſion, comme au N°. XXXVI. qui eſt daté de *Madraz* & qui doit l'être de *Pondichery*.

foit en Chemins , Marines , Hôpitaux , Aqueducs , Arfe-
naux, Magazins & Fortifications , foit en Sucreries, (*a*) In-
digoteries , Cotonneries &c. Auffi eft-on bien affuré que la
Compagnie n'a garde de nier aucun de ces faits , dont elle
connoît mieux que perfonne toute la vérité.

· Il n'y a donc qu'un Auteur Anonyme, qui , à la faveur
du mafque dont il eft couvert , ofe pouffer l'impudence jufqu'au point de nier l'exiftence de ces monumens publics fi
connus de tous les Voyageurs , & de tous les Officiers de
la *Compagnie des Indes.* Que penferont les Nations voifi-
nes , lorfqu'elles verront qu'en France , à Paris , & fous les
yeux de la *Compagnie des Indes*, on ofe en haine du fieur
de la Bourdonnais , nier dans un Ecrit public , des faits ,
dont la vérité eft connue de tous les Peuples de la terre.
Mais fur ces faits , on peut confulter plufieurs Officiers de la *Compagnie* qui font encore à Paris , & no-
tamment le fieur *de Saint - Martin* , Second alors de
l'*Ifle de France*; & le fieur *Giblot*, premier Confeiller; on
peut leur demander s'il n'eft pas vrai qu'avant l'arrivée du
fieur *de la Bourdonnais* aux *Ifles*, il n'y avoit aucun des Bâ-
timens qui y exiftent aujourd'hui ; s'il n'eft pas vrai que c'eft
lui qui a fait conftruire le Gouvernement, les Magazins ,
les Atteliers , les Bureaux , les Forts , les Batteries , & tous
les autres édifices dont on vient de parler ; enfin s'il n'eft
pas vrai que tous ces ouvrages ont été folidement bâtis ,

(*a*) Par Contrat paffé devant Molere, Notaire à l'Ifle de France le 11 Mars 1747. le fieur *de la Bourdonnais* a vendu aux fieurs *Vigoureux* deux Sucreries pour la fomme de 92018 Piaftres , qui font monnoye de France plus de 450000 liv. en 1750. les fieurs *Vigoureux* ont fait marché avec la *Compagnie* pour fournir en Sucre de leurs Manufactures la confommation de fes Vaiffeaux & des deux Ifles. Quand elle le jugera à propos ces mêmes Sucreries formeront un objet de commerce au dehors. Malgré ce qu'on vient de dire, & ce qu'on lit à la page 11 du Mémoire , on ne doute pas qu'il ne fe trouve encore à Paris des gens qui nient l'exiftence de ces Sucreries, quoique très convaincus de leur réalité.

Si les autres objets ont été négligés ou abandonnés par leurs Propriétaires , cela n'empêche pas que le fieur *de la Bourdonnais* ne les ait établis. On fent affez que de pareils établiffemens exigent du tems , des foins & des dépenfes, avant d'en recueillir du bénéfice.

& qu'ils sont encore aujourd'hui bien exiftans. Qu'on leur demande encore quel autre que le fieur *de la Bourdonnais* a raffemblé tant d'autres nouveautés utiles dans ces *Ifles*, qu'il a trouvées prefqu'entiérement incultes, & qu'il a laiffées fi floriffantes ; leur réponfe & celle de tous les honnêtes gens qui connoiffent les Ifles, confirmeront tout ce que l'on avance ici, & tout ce que l'on a dit dans ce Mémoire, depuis la page 9. jufqu'à la page 15.

Que veut dire encore l'Anonyme, lorfqu'il cite vaguement une Procédure commencée au Confeil, & un Arrêt qui permet de prendre le fieur *de la Bourdonnais* à Partie ? Pourquoi diffimule-t-il, que cet Arrêt fut furpris fur une Requête non communiquée, & fur un faux expofé, puifqu'il eft très-vrai, que le fieur *de la Bourdonnais* n'avoit jamais été ni Juge ni Partie dans le Jugement dont on fe plaignoit alors, & que par conféquent cette prife à Partie n'avoit été imaginée par fes ennemis, que pour fe procurer une occafion de le diffâmer dans des Libelles imprimés, qu'ils firent répandre en France pendant qu'il étoit dans les *Ifles*.

Il n'y a pas moins de malignité dans le reproche qu'il fait au fieur *de la Bourdonnais*, d'avoir quitté fon Efcadre à la *Martinique*. Il diffimule qu'il eft prouvé par la Piéce, N°. CCLIV. que le fieur *de la Bourdonnais* ne laiffa fon Efcadre à la *Martinique*, que de l'avis du Général & de l'Intendant des Ifles Françoifes du vent de l'*Amérique* : que fon départ fut jugé d'autant plus néceffaire : 1°. Que fon Efcadre ne couroit aucuns rifques à la *Martinique* : 2°. Qu'il étoit important qu'il partît au plutôt pour rendre compte en France de l'état de nos Colonies, furtout dans un tems où l'on préparoit en Angleterre l'armement formidable dont elles étoient menacées. 3°. Que la préfence du fieur *de la Bourdonnais* devenoit abfolument inutile à fon Efcadre, qui devoit être commandée par des Officiers de la Marine du Roi & fupérieurs en grade, qu'on attendoit à la *Martinique*. Le fieur *de la Bourdonnais* n'y devoit pas même commander fon propre Vaiffeau ; il n'y feroit refté que comme fimple Paffager. Comment donc l'Anonyme ofe-t-il lui faire un crime d'avoir quitté une Efcadre à laquelle il devenoit totalement inutile, pendant que fa préfence pouvoit être fort néceffaire en France , comme il avoit lieu de croire qu'elle l'étoit en effet, beaucoup plus qu'on ne peut fe l'imaginer.

Tous les faits aufquels on vient de répondre en deux mots, ne font encore que des obfervations préliminaires de l'Anonyme, & ce n'eft qu'après cette efpéce d'exorde qui décéle fi bien la paffion de l'Auteur , qu'il expofe page 4. Son premier chef d'accufation , en ces termes : *Le Sieur* de la Bourdonnais *s'eft fouftrait à l'autorité légitime du Sieur* Dupleix , *& du Confeil fupérieur de Pondichery.* Pour le prouver, l'Auteur employe très-férieufement toutes les équivoques puériles dont le fieur *Dupleix* a fait ufage dans fes Lettres , & tous les mauvais raifonnemens qui font réfutés depuis la page 171 du Mémoire jufqu'à la page 176. Il imagine que le Public oublie comme lui , & la Lettre du Miniftre , N°. VIII. page 10, qui laiffoit le fieur *de la Bourdonnais* , maître abfolu de fes Opérations , & la Lettre du fieur *Dupleix* , N°. XXXIII, page 73 où ce dernier dit au fieur de la Bourdonnais, *Je fçais que le Miniftre vous laiffe entiérement le Maître de vos Opérations , & qu'il me charge fimplement de vous* Seconder. Et la Lettre du Confeil de *Pondichery*, N°. XXVIII. page 67. où ces Meffieurs s'excufent de ne pouvoir donner leur Avis au fieur *de la Bourdonnais*, fur l'entreprife *de Madraz* , *dans la crainte*, lui difent-ils , *d'aller peut-être contre la volonté du Roi, & du Miniftre qui vous ont chargé de leurs Ordres.* Eft-ce là le langage de gens qui fe croyent en droit de commander ?

Page 5 il équivoque encore pitoyablement fur les termes des Ordres , pour faire entendre que le fieur *de la Bourdonnais* n'avoit droit de commander que fur mer , & aux Officiers de Marine ; mais il oublie apparemment que les inftructions données par le Miniftre (a) le 16 Janvier 1741 , enjoignent expreffément *à tous les Officiers de la Compagnie* fans aucune diftinction entre Officiers de terre & Officiers de mer, *d'obéir au fieur de la Bourdonnais, tant à terre qu'à la mer.* Il oublie que les Ordres du Roi du 5 Mars 1746 , d'obéir au fieur *de la Bourdonnais*, font addreffées *à tous les Capitaines , Officiers des Vaiffeaux de la Compagnie* ET

(a) V. pag. 57. du Mémoire.

AUTRES QU'IL APPARTIENDRA (*a*). Comment à la vue de ces Ordres qui font imprimés, & dans le Mémoire, & dans le Cahier des Piéces Juſtificatives, l'Auteur peut-il dire que le ſieur *de la Bourdonnais* n'avoit droit de commander que ſur mer, & aux ſeuls Officiers de marine. Comment entend-il donc ces termes, *& autres qu'il appartiendra*, & ceux-ci, *tant à terre qu'à la mer*.

L'Auteur n'eſt ni plus exact ſur les faits, ni plus conféquent dans ſes raiſonnemens, lorſqu'il parle de la Lettre du Miniſtre du 29 Janvier 1745 (*b*) Il prétend que le pouvoir donné par cette Lettre au ſieur *de la Bourdonnais*, de changer dans les plans qu'on lui propoſoit tout ce qu'il jugeroit à propos, *& même de prendre tout autre parti quel qu'il fut*, ne regardoit que les croiſiéres, & autres expéditions maritimes, & nullement les expéditions qui pourroient ſe faire à Terre ; telles par exemple, que le Siége de *Ma-draz*. Mais la Lettre même ſuffit pour répondre à cette ridicule objection, malgré l'affectation avec laquelle l'Auteur ſépare les Pouvoirs énoncés dans cette Lettre, & les ordres relatifs qui défendoient au ſieur *de la Bourdonnais*, de s'emparer d'aucun établiſſement ennemi *pour le conſerver* (*c*). Sans raprocher ces différens Ordres, qui loin de ſe détruire mutuellement, ſe donnent les uns aux autres une nouvelle force ; il eſt de la derniere évidence, que les pouvoirs du ſieur *de la Bourdonnais*, s'étendoient indiſtinctement à toutes ſortes d'expéditions, & qu'il devoit commander, *tant à terre qu'à la mer*, tant ſur les Vaiſſeaux que dans les Etabliſſemens ennemis, dont il lui étoit défendu de s'emparer *pour les conſerver* ; pendant que le ſieur *Dupleix*, ſuivant les ordres précis du Miniſtre, & ſuivant les aveus échappés au ſieur *Dupleix*, lui-même, dans un tems non ſuſpect, ne devoit que le *ſeconder*. Ce ſont les termes des ordres du Miniſtre, & des Lettres du ſieur *Dupleix*, des 6 & 23 Septembre 1746. (*d*)

Page 6 l'Auteur paſſe au ſecond chef d'accuſation, qu'il énonce ainſi : *Le ſieur de la Bourdonnais s'eſt ſervi, pour trahir l'Etat, de l'autorité qu'il avoit uſurpée*, & il com-

(*a*) Ibid.
(*b*) V. les Piéces N°. VIII. pag. 10.

(*c*) V. le Mémoire pag. 58 & 59.
(*d*) V. les Piéces N°. XXXIII. pag. 73, & N°. LIX. pag. 95.

mence

mence cet article par un trait qui n'a pas médiocrement surpris le sieur *de la Bourdonnais*. Le voici : » Vous avez
» comme moi, dit l'Auteur à son ami, entendu dire au
» sieur *de la Bourdonnais*, à son arrivée en France, qu'il
» avoit commandé dans les *Indes* les Vaisseaux de la *Com-*
» *pagnie*, en vertu de l'Ordre du Roi du mois d'Avril 1745 ;
» mais qu'il ne commandoit les troupes des Isles de *France*
» & de *Bourbon*, que comme Gouverneur de ces *Isles*, &
» qu'on avoit été bien imprudent de lui nommer un Suc-
» cesseur pendant qu'il étoit encore aux *Indes*, parce qu'on
» le mettoit hors d'état de se faire obéir par ces troupes.
» Après cet aveu, continue l'Auteur, il est bien étonnant
» de voir dans le Mémoire le sieur *de la Bourdonnais*,
» commander en Maître aux troupes de *Pondichery*, s'ou-
» blier jusqu'à les empêcher d'obéir au Conseil & au Com-
« mandant Général de *Pondichery*, & de toute l'*Inde*.

Ce fragment de la Lettre qu'on rapporte ici mot pour mot, rend, à la vérité avec fort peu d'exactitude, une conversation qui fut tenue en présence d'une personne infiniment respectable, entre M. de *Montaran* & le sieur *de la Bourdonnais*. Comme cette conversation ne se passa qu'entre ces trois personnes, l'Anonyme en impose visiblement, lorsqu'il dit : *Vous avez, comme moi, entendu dire au sieur de la Bourdonnais* &c. Ni l'Anonyme, ni la personne à qui il écrit, n'ont donc jamais *entendu dire* au sieur *de la Bourdonnais* ce que la Lettre rapporte, puisqu'encore un fois il est constant que ce qui fut dit alors par le sieur *de la Bourdonnais*, ne fut entendu que des deux seules personnes à qui il avoit l'honneur de parler. On s'en rapporte sur cela avec toute sorte de confiance à leur témoignage. Au fond voici ce qui fut dit alors.

Le Magistrat à qui le sieur *de la Bourdonnais* rendoit compte de sa conduite, & de l'état de nos Colonies, lui ayant fait plusieurs questions sur l'expédition de *Madraz*, M. de *Montaran* dit à ce Magistrat, *demandez-lui seulement, Monsieur, pourquoi & en vertu de quels Ordres il a commandé à terre ?* Etonné de cette question, le sieur *de la Bourdonnais* répondit, *qu'il avoit commandé à terre, parce qu'un Chef d'Escadre, qui descend sur le terrain ennemi à la tête de ses troupes & de ses équipages, est en droit de les*

D

commander : qu'indépendamment de ce droit résultant des Ordres du Roi dont il étoit porteur, il avoit encore, en qualité de Gouverneur des Isles de France *& de* Bourbon*, un droit particulier de commander, tant à terre qu'à la mer, les troupes de ce Gouvernement, qui étoient dans son Escadre ; &* il ajouta, *qu'on avoit risqué beaucoup en lui ôtant son Gouvernement, dans le tems que ces troupes des Isles faisoient dans l'*Inde *la guerre sous ses ordres, parce qu'il étoit à craindre que se regardant comme soumises à un nouveau Gouverneur, elles ne fissent difficulté de lui obéir aussi ponctuellement qu'elles avoient fait jusqu'alors.* Voilà ce que l'Anonyme auroit dû dire dans sa Lettre, s'il avoit été mieux instruit, ou moins partial.

Mais s'il paroît par le trait qu'on vient de rapporter, que l'Anonyme sçait des particularités que presque tout le monde ignore : on va voir qu'en revanche il ignore bien des choses que presque tout le monde sçait.

Par exemple, pag. 7. il reproche au sieur *de la Bourdonnais* d'avoir fait périr, par *l'exécution de cet abus de son autorité* (ce sont ses termes) *quinze cens François dans le coup de vent du* 13 *Octobre*, & il ajoute que *ces faits ne sont pas douteux ; que les témoignages par écrit sont constans, & ne laissent rien à désirer.* Or ces faits si constans sont notoirement faux, puisque tout le monde sçait que dans le coup de vent du 13 il n'a péri que le *Duc d'Orléans*, dans lequel il y avoit à peine 150 François, la *Marie Gertrude* où il n'y avoit tout au plus que 4 à 5 François, le surplus de l'Equipage étant composé de *Lascars*. Il s'est encore trouvé 2 ou 3 François dans un *Bot* qui périt alors. Voilà comment l'Anonyme est instruit des affaires de l'*Inde*. Tout ce qu'on peut dire, c'est qu'il ignore les faits, ou qu'il les déguise.

On ne parle point ici du ridicule qu'il y a d'imputer au Sr. *de la Bourdonnais* le désastre causé par un coup de vent, que personne ne pouvoit ni prévoir ni prévenir.

A la même page 7 l'Auteur cite au nombre des Piéces, dans lesquelles, dit-il, il trouve écrits tous les crimes du sieur *de la Bourdonnais, le* Journal *des Députez de Pondichery à Madraz*. Mais on lui demande où il a vû ce Journal, qui est une Piéce secrette du Procès. Il ajoute ensuite que ce

Journal eſt produit par le ſieur de la Bourdonnais comme Piéce juſtificative : Eſt-ce une méchanceté ou une bévûe ? Que l'Anonyme s'explique ; car il eſt bien certain que le ſieur *de la Bourdonnais* n'a ni produit ni pû produire ce *Journal*. Où l'Anonyme en a-t-il donc pris connoiſſance ?

Ce qu'il dit pag. 8 & *9* eſt refuté d'avance par le Mémoire auquel il renvoye lui-même. Mais voici une autre objection qui ſe trouve à la fin de la page *9*, & au commencement de la page 10.

Le ſieur *de la Bourdonnais*, dit-il, nous préſente ſous la datte du 21 Septembre, une Capitulation par laquelle *Madraz* ſe rend à condition d'une rançon, qui devoit être réglée à l'amiable. Il écrit enſuite le 23 Septembre que la Ville s'eſt rendue pour ainſi dire à diſcretion. Enfin le 26 du même mois il écrit que le parti de garder *Madraz* n'ayant pas lieu, il faut ou démanteler ou rançonner cette Place. Sur ces faits ainſi raprochés, voici l'éclairciſſement que demande l'Anonyme. «Que le Sr *de la Bourdonnais* m'explique, dit-il, com-
» ment il eſt poſſible qu'il ait été le maître le 23, & le 26
» Septembre de décider du ſort de *Madraz* pris à diſcretion
» le 21, & d'opter entre différens partis à prendre, s'il eſt
» vrai, comme il le dit, que par la Capitulation du 21 Septem-
» bre il ſe fût engagé à traiter de la rançon de cette Ville ». Il eſt aiſé de ſatisfaire à cette queſtion, & l'Anonyme ſe la ſeroit ſans doute épargnée, s'il avoit lû avec quelque atten-tion le Mémoire qu'il a ſi bonne envie de réfuter.

Il y auroit vû que le ſieur *de la Bourdonnais*, depuis la ſi-gnature de la Capitulation du 21 Septembre, n'avoit jamais penſé à faire d'autres conditions à la Ville que celles du ran-çonnement. Jamais il n'en a propoſé d'autres. Toutes ſes Lettres, toutes celles du ſieur *Dupleix*, en un mot toutes les Piéces du Procès en font foi, & l'on a vû que MM. de *Pondichery* ne lui ont que trop reproché d'avoir toujours per-ſiſté depuis l'inſtant de la Capitulation, dans ce parti du ran-çonnement. Mais, dira l'Anonyme, pourquoi donc écri-viez-vous le 21, que les conditions auſquelles la ville s'étoit rendue, la mettoient pour ainſi dire à votre diſcretion ? On lui répondra qu'il n'a qu'à lire la Note (*a*) du N°. LIII. dans les Piéces juſtificatives, & qu'il y trouvera la réponſe à ſa queſtion. D'ailleurs n'étoit-il pas vrai de dire que la Ville étoit en quelque forte rendue à difcretion , puifque la fixation de la rançon , fuivant l'exemple du Chapeau évalué fix Roupies , devoit dépendre de l'eftimation des Effets de la Ville , auxquels le fieur *de la Bourdonnais* fembloit pouvoir donner un prix arbitraire ?

L'Anonyme infiftera-t-il , en demandant pourquoi après être convenu du rançonnement par la Capitulation du 21 , le fieur *de la Bourdonnais* paroît dans fa Lettre du 26 Septembre déliberer entre trois partis à prendre ; fçavoir, celui de garder la Place , celui de la démanteler , & celui de la rançonner ? On lui répondra encore une fois, que le fieur *de la Bourdonnais* n'a jamais déliberé fur le choix entre ces trois partis. Il a bien dit qu'on ne pourroit prendre qu'un des trois; parce qu'en effet on ne fçauroit faire autre chofe d'une Ville prife. Enfuite en faifant voir que le parti de garder *Madraz* & celui de le démanteler n'étoient ni pratiquables ni convenables à la fituation des affaires , il a conclu que le véritable parti étoit celui du rançonnement qu'il avoit pris par la Capitulation du 21. Que trouve-t-on de louche ou d'équivoque dans toute cette conduite ?

Page 10 & 11 l'Auteur répéte l'objection fur l'Artillerie, les Agrés & Apparaux , & celle fur les Prifonniers, auxquelles on a répondu dans le Mémoire , depuis la page 180 jufqu'à la page 184, & depuis la page 186 jufqu'à la page 188. Il croit apparemment qu'en diffimulant les Réponfes , les Objections reftent dans toute leur force. Mais ce qui lui paroît une preuve évidente de collufion avec les Ennemis de l'Etat , c'eft qu'au lieu d'emporter des vivres de *Madraz,* le fieur *de la Bourdonnais* ait été demander du Pain & du Bifcuit à *Pondichery,* Il ne fçauroit pardonner ce trait là. Il faut cependant efperer que ces grands mouvemens d'indignation cefferont, quand il fçaura qu'il n'y avoit à *Madraz ,* ni Pain , ni Farine , & que par conféquent , pour fournir à la fubfiftance des Troupes & des Equipages, il falloit bien en chercher ailleurs.

Il s'imagine fans doute avoir démontré qu'il y avoit beaucoup de Bifcuit , de Pain & de Farine dans *Madraz ,* lorfqu'il a fait obferver que cette Ville contenoit plus de cent mille habitans , qui en fe fauvant pendant le fiége , avoient dû , felon lui , laiffer une quantité de Farine immenfe. Cette remarque, & la conséquence qu'on en tire, pourroient être justes, s'il étoit question d'une Ville d'Europe, où tout le monde se nourrit de pain. Mais ici elles portent à faux, puisqu'il est bien certain que des cent mille habitans qui s'étoient sauvés de *Madraz*, il n'y avoit pas trente personnes qui fissent leur nourriture ordinaire de Pain. L'Anonyme ignore que dans l'*Inde* tous les Naturels du Pays ne mangent point de Pain, & qu'ils ne vivent que de Ris.

Il y avoit à la vérité du Bled à *Madraz*; aussi verra-t-on par l'état du chargement des Vaisseaux, qui sera imprimé à la fin de ce Mémoire, que le sieur *de la Bourdonnais* ne négligea point ces Provisions, & qu'il en chargea les Vaisseaux. Mais pour que ce Bled pût servir à la nourriture des Equipages, il falloit qu'il fût moulu, & cela ne se pouvoit faire ni à *Madraz* ni dans les Vaisseaux, faute de Moulins; car il est bon de sçavoir qu'à *Madraz* il n'y a point de Moulins à eau ni à vent pour moudre le Bled, comme en France. Ceux qui y vivent de pain, sont dans l'usage de broyer le Bled à force de bras, & chacun en broye ainsi journellement ce qu'il en faut pour lui & pour sa famille pendant deux ou trois jours. Il est dès-là fort aisé de concevoir que presque tous les habitans ayant abandonné la Ville, avant & pendant le siége, il ne restoit dans *Madraz* ni Farine, ni *Coulis* pour en faire. Il ne doit donc pas paroître fort étrange qu'en sortant de *Madraz*, quoiqu'avec beaucoup de Bled, le sieur *de la Bourdonnais* ait demandé à *Pondichery* du Pain & du Biscuit pour ses Equipages. Si l'Anonyme avoit mieux connu les usages des *Indes*, il ne se feroit pas si fort récrié sur un fait si indifférent par lui-même. Mais tout devient crime aux yeux d'un homme, qui veut trouver du crime par tout. On en va juger par les preuves qu'il donnera dans un moment sur son troisiéme chef d'accusation conçu en ces termes : *Le sieur* de la Bourdonnais *a profité de sa trahison, pour s'enrichir par le divertissement & le pillage d'Effets appartenans à l'Etat, qui se sont trouvés dans* Madraz.

La première preuve que l'Anonyme en rapporte, consiste à dire que tous ceux qui ont assisté à l'expédition de *Madraz*, conviennent que le sieur *de la Bourdonnais* y a pillé. Mais on soutient au contraire à l'Anonyme, que tous ceux qui ont été à *Madraz* se réunissent à dire que le sieur *de la Bourdonnais* n'y a rien pris, ni rien pillé, & on lui en donne pour preuve les dépofitions de 500 Témoins entendus, foit dans les *Indes*, foit en France. En un mot, on ne connoît pas dans toutes les informations un feul Témoin qui ait dépofé que le fieur *de la Bourdonnais* ait pris quoique ce foit.

Une deuxiéme preuve de pillage, felon l'Anonyme, pag. 13, c'eft que le fieur *de la Bourdonnais* devoit tirer de *Madraz* quarante millions, fuivant le jugement du feu fieur *Dumas*. Or il eft prouvé au procès par la dépofition du fieur *de Saint Martin*, que le fieur *Dumas* avoit dit au Témoin avant le fiége de *Madraz*, qu'il eftimoit la prife de cette Ville à huit ou neuf cens mille Pagodes, c'eft-à-dire à fept ou huit millions. L'Anonyme efpere-t-il que fa fimple affertion l'emportera fur cette preuve ? En répétant ici que le projet fur *Madraz* a été formé par le fieur *de la Bourdonnais*, & communiqué par lui au Miniftere en 1740, on ofera avancer que lorfqu'il fut queftion d'eftimer le bénéfice que l'on pouvoit efpérer de cette conquête, il fut décidé par M. le Cardinal de *Fleury* & par M. *Orry*, fur l'eftimation du feu fieur *Dumas* qui étoit préfent, & fur celle du fieur *Dupleix*, exprimée dans une de fes Lettres qui fut alors repréfentée, que le fieur *de la Bourdonnais* rendroit un fervice fignalé à l'Etat & à la *Compagnie* s'il pouvoit, en prenant *Madraz*, en tirer pour la *Compagnie* une rançon de dix millions. On dit une rançon, parce que depuis le premier moment où il fut queftion de cette entreprife, elle ne fut jamais envifagée fous un autre jour que fous celui de la rançon. Une perfonne des plus refpectables, qui étoit alors à la tête de la Compagnie des *Indes*, & qui a affifté à toutes les Délibérations qui ont été prifes à ce fujet, ne refufera pas d'attefter la vérité de tous les faits qu'on vient d'avancer.

La troifiéme circonftance que l'Anonyme allégue page 13, comme propre à former une violente préfomption contre l'innocence du fieur *de la Bourdonnais*, eft le défaut de préfentation des Livres de la Compagnie Angloife. Il lui fait donc un crime, 1°. de ce qu'il ne s'eft pas fait repréfenter ces Livres ; 2°. de ce que ces Livres ne fe trouvent plus aujourd'hui, il eft tenté de conclure qu'il les a

ſouſtraits. On va répondre aux deux parties de cette objection.

Il eſt certain que par la Capitulation du 21 Septembre,
le ſieur *de la Bourdonnais* fit obliger les Anglois de remettre aux François leurs Livres de compte, ce qu'il n'auroit
pas fait s'il avoit eu deſſein de dérober la connoiſſance de
l'état actuel de leurs fonds & de leurs effets. Il eſt d'ailleurs
prouvé par la Lettre du ſieur *Bonneau* Commiſſaire, du 28
Septembre, (*a*) que les clefs du dépôt où étoient les Livres, avoient d'abord été remiſes au ſieur *Deſprémeſnil*,
autre Commiſſaire, qui ſçavoit l'Anglois. Enfin il eſt prouvé par la dépoſition du ſieur *Deſprémeſnil* (*b*) que ces Livres lui avoient été remis.

Mais on demandera peut-être au ſieur *de la Bourdonnais* pourquoi il n'a pas fait conſtater par un Procès-verbal
l'état de ces Livres. Il répondra que ces précautions de
formalité étoient du reſſort des Commiſſaires ; s'il y avoit
des Procès-verbaux à dreſſer, ce ſoin les regardoit ſeuls.
On peut d'autant moins imputer ce défaut de Procès-verbaux au ſieur *de la Bourdonnais*, que par ſes engagemens
pris avec la *Compagnie*, pour tout ce qui concernoit les
priſes & les expéditions de guerre, il étoit dit, comme on
le peut voir par ſa Lettre à la Compagnie, du 10 Mars
1746, (*c*) que les Commiſſaires ſeroient reſponſables de
tous les détails pour les priſes & les dépenſes qui pourroient
ſe faire, & que pour lui *il n'auroit perſonnellement à répondre que des actions militaires.*

Voilà donc la premiere partie de l'objection détruite ;
puiſqu'il eſt prouvé & par la Lettre du ſieur *Bonneau*, & par
la dépoſition du ſieur *Deſprémeſnil*, que dès l'inſtant de la
priſe de la Ville, les Livres Anglois furent remis au ſieur
Deſprémeſnil Commiſſaire.

A l'égard de la deuxiéme partie de l'objection, qui a
pour objet la ſouſtraction de ces Livres, elle n'a ni fonde-
ment ni apparence de raiſon, & il ſera facile de s'en convaincre par les faits même que l'Anonyme allégue.

Ecoutons-le. » Si on doute, dit-il page 14, qu'ils (ces

(*a*) V. les Piéces Juſtificatives   (*c*) V. les Piéces Nº. XII pag.
Nº LXXV. pag 121.   26 & 27.
(*b*) V. le Mémoire pag. 236.

» Livres) ayent été remis & fouftraits, on peut mettre fous
» les yeux du Public les Lettres originales du Gouverneur,
» & du Confeil Anglois, qui, *depuis la reftitution de Ma-*
» *draz*, demandent avec inftance des extraits de ces Li-
» vres, qu'ils fuppofent être au pouvoir du Confeil de
» *Pondichery*. Ce fait avancé par l'Anonyme eft de la derniere importance.

En effet, dès qu'il eft indubitable, felon lui, que les Livres en queftion ont été remis, & que les Anglois en demandent aujourd'hui la reftitution, ou des extraits à MM.
du Confeil de *Pondichery*, il s'enfuit néceffairement que
c'eft à MM. du Confeil de *Pondichery* que les Anglois
foutiennent avoir remis ces Livres, conformément à l'Article VII. du Traité de Rachat figné le 21 Octobre; (*a*)
car les Anglois ne demanderoient pas avec inftance à
MM. de *Pondichery* des Livres qu'ils fçauroient ne leur
avoir pas remis.

Que les Anglois leur ayent en effet remis ces Livres,
c'eft un fait dont il ne paroît pas qu'on puiffe douter.

1°. Leurs Lettres le fuppofent évidemment, fuivant
l'Anonyme.

2°. Si la fuppreffion de ces Livres prétendue faite par
le fieur *de la Bourdonnais*, long-tems avant la fignature du
Traité de rançon du 21 Octobre, avoit mis les Anglois
dans l'impoffibilité de remettre ces Livres à MM. de *Pon-*
dichery, il eft fenfible que les Anglois ne fe feroient pas
obligés par ce Traité du 21 Octobre de les remettre à MM.
de *Pondichery*. Ils auroient dit à M. *de la Bourdonnais :*
Comment pouvez-vous nous obliger à remettre des Livres
que vous avez enlevés, & comment ofez-vous nous pro-
pofer de foufcrire un engagement dont vous fçavez que
vous nous avez rendu vous-même l'exécution impoffible ?
Il eft donc évident que quand les Anglois fe font obligés
le 21 Octobre à remettre ces Livres, ils les avoient.

3°. Cet engagement une fois foufcrit, fi les Anglois y
avoient manqué, c'eft-à-dire, s'ils n'avoient pas remis leurs
Livres à MM. de *Pondichery*, qu'en feroit-il arrivé ? Meffieurs de *Pondichery*, qui ne cherchoient qu'un prétexte
pour rompre le Traité, n'auroient pas manqué une fi belle

____

(*a*) V. les Piéces N°. CLXXXI.

occafion

occafion de prendre les Anglois en défaut. Ils leur auroient dit : *Exécutez le Traité que vous venez de figner ; repréfentez-nous vos Livres , comme vous vous y êtes expreffément engagés ; finon nous fommes de plein droit difpenfés de tenir la Capitulation , & vous êtes à notre difcrétion.* Qu'auroient pû répondre les Anglois ? Dans l'hypothèfe ils auroient dit : *Le fieur* de la Bourdonnais *a enlevé nos Livres ; comment voulez-vous que nous vous les repréfentions ?* Dans cette réponfe, dont on n'auroit pas manqué de dreffer un Procès-verbal en bonne forme, MM. de *Pondichery* auroient trouvé un double avantage. D'un côté ils auroient par-là acquis contre le fieur *de la Bourdonnais* une preuve décifive d'un fait de fupreffion de Livres, dont, fans cela, on les auroit accufés eux-mêmes : d'un autre côté ils auroient toujours été en droit de rompre le Traité, comme ils le défiroient en difant aux Anglois : *Nous n'examinons point fi, par collufion avec le fieur* de la Bourdonnais, *vous avez fupprimé vos Livres ; il nous fuffit qu'en remettant la Ville entre nos mains, vous vous foyez obligés de nous repréfenter ces Livres ; faute par vous de remplir cette condition importante du Traité, nous fommes autorifés à le rompre, fans que vous puiffiez nous reprocher aucune injuftice.*

Il fuit de ces réflexions fimples & naturelles que les Anglois avoient leurs Livres, lorfque par l'Article VII du Traité de rachapt du 21 Octobre, ils fe font obligés de les repréfenter à MM. de *Pondichery ;* qu'ils ont en effet exécuté cet Article du Traité en leur remettant leurs Livres ; & que de plein droit, & faute d'avoir conftaté le contraire , MM. de *Pondichery* font réputés les avoir reçus , comme le fuppofent, fuivant l'Anonyme, les Lettres originales du Gouverneur & du Confeil Anglois ; enfin il en réfulte que, fi ces Livres ont été fupprimés, comme il paroît conftant, fuivant l'Anonyme même, ils n'ont pû l'être que par MM. de *Pondichery.* On verra dans la fuite par les piéces dont on rendra compte à la fin de ce Mémoire, qu'on a en effet à *Pondichery* un goût affez décidé pour ces fuppreffions.

L'Anonyme convient à la même pag. 14. qu'en effet , *dans l'ordre ordinaire , ces Livres devroient fe trouver à Pondichery ;* & il n'a garde de dire que s'ils ne s'y trouvent pas , ce ne peut être que parce qu'ils ont été supprimés par MM. de *Pondichery*. Il aime mieux supposer que ces Livres ou n'existoient pas , ou qu'ils avoient été soustraits par les Anglois avant la reddition de la Place ; & il ne fait cette supposition que pour en conclure que le sieur *de la Bourdonnais* seroit *impardonnable* d'avoir négligé de constater une circonstance si intéressante pour sa décharge & sa justification. Mais l'Anonyme n'a pas senti que cette objection se rétorque avec force contre MM. de *Pondichery* , qu'il entreprend de justifier.

Il y a en effet dans leur conduite & fraude & négligence ; & pour rendre à l'Anonyme ses termes , ils sont *impardonnables* d'avoir supprimé les Livres , qui leur ont constamment été remis , comme on l'a fait voir ; & s'il étoit vrai que les Anglois ne leur en eussent remis aucuns , malgré l'engagement formel qu'ils avoient contracté de les leur remettre , ils seroient , suivant le raisonnement même de l'Anonyme , *impardonnables d'avoir négligé de constater une circonstance aussi intéressante pour leur décharge , & leur justification.* L'Anonyme pouvoit-il reconnoître plus expressément que faute par MM. de *Pondichery* d'avoir constaté qu'on ne leur remettoit aucuns Livres , ils sont censés les avoir reçus & supprimés ; & l'on peut même dire qu'il faut se refuser à l'évidence pour douter de la remise & de la suppression de ces Livres.

Enfin n'est on pas révolté d'entendre l'Anonyme offrir de » mettre sous les yeux du public les Lettres originales du » Gouverneur & du Conseil Anglois , qui , dit-il , depuis » la restitution de *Madraz* , demandent avec instance des » Extraits de ces Livres , qu'ils supposent être au pouvoir » du Conseil de *Pondichery* ? » Comment l'Anonyme a-t-il connoissance de ces Lettres originales ? Dans quel dépôt les a-t-il vûes ? Par qui est-il si bien instruit ? Pourquoi , avec tant de zèle , a-t-il négligé jusqu'ici de faire paroître ces Lettres originales ? S'il les a crues propres à procurer des éclaircissemens dont le sieur *Dupleix* n'eut rien à craindre , pourquoi ne les a-t-il pas remises à M. le Procureur Général de la Commission , qui certainement n'auroit pas refusé de faire usage de ces piéces , s'il leur avoit trouvé quelque caractére de preuve ? Heureusement MM. les Commissaires font aujourd'hui trop bien inftruits, pour ne pas découvrir jufques dans ces menaces mêmes, toute la méchanceté & toute l'impuiffance des ennemis du fieur *de la Bourdonnais*.

Page 14 & 15, l'Anonyme raffemble un grand nombre de faits, pour achever d'établir fon troifiéme chef d'accufation. Les voici.

PREMIER FAIT.

Les Embarcations Angloifes fous le Pavillon Maure, chargées dans la Rade de Madraz, *par préférence aux Navires François, & aux Embarcations de Pondichery,*

RÉPONSE.

Il n'y a pas au Procès la moindre preuve de ce fait; jamais ces embarcations ne font venues à *Madraz* pendant que le fieur *de la Bourdonnais* y a été : c'eft un fait notoire, & il ne fe fouvient pas qu'aucun Témoin en ait jamais parlé.

DEUXIÉME FAIT.

Le Chargement nocturne d'un Bâtiment Hollandois, dans la même Rade, par des Chelingues envoyées par ordre du Sr *de la Bourdonnais, & de fon frere, les Caiffes chargées fur ces Chelingues connoiffables par des Bouées & des Orins*

RÉPONSE.

La fauffeté de ce fait eft démontrée dans le Mémoire depuis la page 259 jufqu'à la page 266, & l'on va voir dans un moment, qu'elle l'eft encore par la dépofition du Pere *René*, & par celle du fieur *Cotterel*, Témoins nouvellement entendus.

TROISIÉME FAIT.

L'Emprifonnement des plus riches Arméniens, par Ordre du fieur de la Bourdonnais, *les prefens confidérables qu'il en a éxigés.*

REPONSE.

Ce fait eft détruit auffi dans le Mémoire, page 201, 202, & 203, & il le fera encore par la dépofition du fieur *Cotterel*, & par celle du Pere *René*.

QUATRIÉME FAIT.

La souftraction de la connoiffance de tous les effets tirés des Magazins, & chargés fur les Vaiffeaux, foit d'Europe, foit des Indes, foit de prife Angloife.

REPONSE.

On verra dans un moment en parlant de la dépofition du fieur *Cotterel*, que cet article fe rétorque contre ceux dont l'Anonyme fait l'apologie, & il fera prouvé par le Journal du fieur *Cotterel*, que l'Anonyme donne ici le change, & qu'il impute au fieur *de la Bourdonnais* des crimes dont il eft avéré que d'autres font coupables. Cet article eft très-important.

CINQUIÉME FAIT.

Le défaut total d'inventaire, & de factures fuppléés par des notes, ou des connoiffemens, où les balles ne font reconnoiffables que par l'enveloppe.

REPONSE.

Ce fait eft détruit dans le Mémoire pag. 81 & 82 ; mais le reproche qu'on fait ici au fieur *de la Bourdonnais* exige de fa part une explication plus particuliere, qui ne fçauroit manquer de foulever contre l'Anonyme, & contre ceux dont il prend la défenfe, l'indignation de tous les honnêtes gens. Voici donc les faits, qu'il eft important de déveloper.

Lorfqu'on met un Vaiffeau en chargement, les Effets qu'on y embarque font renfermés ou dans des facs comme du bled, ou du ris ; ou dans des tonneaux comme du vin, de la bierre, ou du fucre ; ou dans des balles, comme du drap, des toiles, ou autres étoffes ; ou dans des caiffes, comme du cloud, du bifcuit, & chofes femblables. A mefure que ces Effets ou Marchandifes paffent à bord du Navire fous les yeux du Capitaine du port, on tient un Regiftre exact de la quantité des Sacs, des Tonneaux, des Balles, & des Caiffes qui s'embarquent ; & le Capitaine du Vaiffeau en donne fon reçu, fuivant lequel il eft chargé de tant de Sacs, de Tonneaux, de Balles, de Caiffes, &c.

Ainſi les Regiſtres du Port, & les Reçus du Capitaine ne conſtatent que la quantité des Sacs, Tonneaux, Balles ou Caiſſes, ſans exprimer ce qui eſt contenu dans chaque Tonneau, dans chaque Sac, dans chaque Caiſſe, ou dans chaque Balle. Il faut ſeulement obſerver que toutes ces Piéces ſont marquées d'une eſpece de ſceau, ou marque, comme d'une M. d'un P. ou de quelques autres lettres. Voilà ce qui ſe pratique par tout lorſqu'on charge un Vaiſſeau. Mais avant que ces Sacs, ces Balles, ces Caiſſes, & ces Tonneaux paſſent des Magazins aux bords de la Mer, le Garde Magazin tient un Regiſtre exact de la qualité & quantité de tout ce qui eſt contenu dans chaque Sac, Balle, Caiſſe ou Tonneau, & c'eſt l'extrait de ce Regiſtre qu'on appelle Facture, c'eſt-à-dire Etat détaillé de ce qui eſt compris dans chaque Piéce.

Or le reproche fait au ſieur *de la Bourdonnais* par l'Anonyme, ſuppoſe qu'au lieu de prendre toutes ces précautions pour conſerver une Notice ſûre des Effets embarqués à *Madraz*, il a négligé les plus eſſentielles, & ne s'eſt aſſujetti pour la forme qu'aux plus inutiles. En un mot, ſon objet eſt de perſuader au Public que le ſieur *de la Bourdonnais* peut bien avoir eu l'attention de faire conſtater par des Notes, ou Connoiſſemens, qu'il avoit fait embarquer des Balles; mais qu'on n'a jamais vû ce que contenoient ces Balles, parce que, ſelon lui, il n'y a jamais eu ni Inventaires ni Factures. Mais ce dernier fait, eſt d'une fauſſeté inſigne; & Meſſieurs les Commiſſaires en trouveront la preuve au Procès, dans les Papiers du ſieur *Desjardins*, établi Commiſſaire pour les Magazins à *Madraz*, & dans la Procédure de *Pondichery*.

Ils y verront que le ſieur *Desjardins* avoit tenu jour par jour, & article par article, un Regiſtre fort exact, de la qualité & quantité de tous les Effets embarqués. Ils y verront qu'au moment où le ſieur *Paradis* l'expulſa du Conſeil, il rendit ſes Comptes, & remit ſes Regiſtres, dont le ſieur *Barthelemy*, alors Commandant, ou Gouverneur à *Madraz*, lui donna une décharge. Enfin, ils verront que ces Regiſtres, qui contenoient l'Inventaire, ou la Facture générale de toutes choſes, piéce par piéce, tant en qualité, qu'en quantité, ont été ſupprimés par MM. de *Pondichery*,

& que ne fçachant comment pallier la fouftraction de ces Regiftres importans, ils ont profité de la mort du fieur *Bruyere*, qui étoit Confeiller à *Madraz*, dans le tems que le fieur *Desjardins* y rendit fes Comptes, pour attribuer la perte de ces Livres à la négligence de ce Confeiller. On verra dans la fuite, qu'ils ont de même fupprimé les *Olles*, ou Regiftres des *Brames*.

SIXIÉME FAIT.

L'affectation d'annoncer & de fuppofer aux Ifles de France un riche Chargement au Navire le Phénix qu'on croit péri, & qui arrivant contre toute apparence ne porte que 40 Caif-
-- d'armes, & trois Caiffes de cloux.

RE'PONSE.

Le fait eft abfolument faux ; il eft de l'invention du fieur *Morin*, qui a débité qu'à l'*Ifle de France* le fieur *de la Bour-donnais* croyant le *Phénix* perdu avoit affuré au fieur *David* Gouverneur que ce Vaiffeau étoit richement chargé, & que par l'événement ce Navire étoit arrivé n'ayant pour toute Carguaifon que des armes & du clou. Mais la fauffeté du fait eft prouvé par la dépofition du fieur *de la Chaife*, Capitaine. Ce Témoin a dépofé *qu'à l'Ifle de France il de-manda au fieur* David *Gouverneur, s'il étoit vrai que le fieur* de la Bourdonnais *eût annoncé le* Phénix *comme un Vaiffeau richement chargé, & que le fieur* David *lui répondit que non, & qu'il n'avoit jamais rien entendu dire de pareil au fieur* de la Bourdonnais. Il n'y a d'ailleurs aucun Témoin qui, fur ce fait, ait parlé autrement que le fieur *de la Chaife*.

SEPTIÉME FAIT.

Le Chargement de Piaftres fur un Vaiffeau Suédois en rade de l'Ifle de France.

RE'PONSE.

L'Anonyme n'eft pas bien inftruit, puifqu'il ne parle que de Piaftres : il y avoit auffi des Pagodes ; il faut l'inftruire. Voici le fait.

Le fieur *de la Bourdonnais* envoya fur le Vaiffeau Sué-

dois mille Piaftres pour acheter des meubles de Chine, &
12000 Pagodes pour faire paffer en Europe. Mais pourquoi, dit-on, mettiez-vous plutôt ces fonds fur un Vaiffeau
Suédois que fur un Vaiffeau François? C'eft que la Suéde
étant alors en paix avec toutes les Couronnes, on ne prenoit
d'affurance fur les Vaiffeaux Suédois que 10 ou 12 pour
cent, & que fur les autres Vaiffeaux d'Europe, tels que les
François & autres, on prenoit 40, & 45 pour 100 d'affurance.

HUITIÉME FAIT.

Les Verfemens d'Effets pour le fieur de la Bourdonnais *à
Angola, à la Côte du Bréfil, à la Martinique, à Sainte
Euftache, en Hollande, peut-être ailleurs.*

RÉPONSE.

Il y a dans ces deux lignes prefqu'autant d'impoftures
que de mots. L'Anonyme y fuppofe que les Sieur & Dame
de la Bourdonnais ont mis à couvert chacun de leur côté
quantité d'effets dans tous les lieux où ils ont paffé. Mais
outre que ces faits ne font fondés fur aucune forte de preuve, quelle qu'elle puiffe être, il eft aifé de fuivre les Sieur
& Dame *de la Bourdonnais* dans toute leur route, & depuis le moment de leur départ des *Ifles* jufqu'à leur arrivée
en France, & de faire voir qu'en aucun endroit ils n'ont
fait aucuns verfemens d'effets, ni aucuns débarquemens
clandeftins.

Il eft d'abord certain qu'en partant de l'*Ifle de France*
les Sieur & Dame *de la Bourdonnais* n'ont rien embarqué,
qu'au vû & au fçû de tout le monde, & fous les yeux du
fieur *David* nouveau Gouverneur, qui a pû attefter à la
Compagnie qu'ils n'avoient emporté qu'une partie de leurs
meubles, uftenfiles & provifions, avec les fonds qu'ils pu-
rent recevoir des gens chargés de leurs affaires dans ces
Ifles.

De l'*Ifle de France* ils arriverent à *Angola*, fuivant les
Ordres que le fieur *de la Bourdonnais* avoit reçus. Bientôt
après il apprit qu'il paroiffoit des Vaiffeaux, & il envoya
dans une Chaloupe deux Capitaines de fon Efcadre, pour
reconnoître ces Vaiffeaux, pendant qu'il faifoit appareiller

le fien, pour les pourfuivre s'ils étoient ennemis. Les deux Capitaines vinrent lui rapporter *que c'étoient deux Corfaires Anglois de 50 canons armés jufqu'aux dents.* Dans le même tems les Habitans d'Angola répandirent le bruit qu'il étoit attendu par une Efcadre Angloife de quinze Vaiffeaux. Ce bruit, joint à l'apparition des deux Vaiffeaux, ne laiffa pas douter que l'Efcadre ne fût bloquée, & à la veille d'effuyer un combat d'autant plus terrible, qu'il devoit être fort inégal. Prefque tous les Officiers firent au fieur *de la Bourdonnais* les plus fortes repréfentations pour qu'il mît fa femme & fes enfans à couvert du danger, fur un vaiffeau Portugais qu'il pouvoit freter pour les tranf-porter au Brefil, d'où ils fe rendroient en fûreté à Lifbonne fur la Flote du Roi de Portugal. Le fieur *de la Bourdonnais* fentoit trop vivement leur péril, pour ne pas fe réfoudre à cette féparation, où le forçoit la néceffité des circonftances. Il laiffa au fieur *Bouvet*, Officier de l'*Achille*, le foin de verfer fur le petit Vaiffeau Portugais, tout ce que la Dame *de la Bourdonnais* devoit emporter avec elle. Le fieur *Bouvet* a dépofé *qu'il n'y avoit en effet que les meubles dont on vient de parler, & les hardes de la Dame* de la Bourdonnais; & le nommé *Palmo* Indien, Domeftique libre du fieur *de la Bourdonnais*, & qui a accompagné la Dame *de la Bourdonnais* jufqu'à Paris, y a auffi dépofé la même chofe : il a ajouté, *qu'il avoit toujours eu les clefs de tous les coffres embarqués, & qu'ils ne contenoient que des meubles, hardes, & papiers.* Enfin tout ce que la Dame *de la Bourdonnais* embarqua à *Angola* fut vifité très-fcrupuleufement, & le Douanier d'*Angola* en dreffa un état détaillé & certifié de lui, dont il remit un double à la Dame *de la Bourdonnais*.

D'*Angola* elle arriva au Brefil, & de-là à *Lifbonne*, où tous fes coffres furent ouverts, vifités à la Douane. On fçait que les vifites s'y font avec la derniere exactitude, parce qu'on craint qu'il ne paffe du *Brefil* des Diamans en fraude dans le *Portugal*. On vifita donc jufqu'aux papiers qui avoient été remis à la Dame *de la Bourdonnais* par fon mari. Quoiqu'elle ignorât tout ce que ces papiers contenoient, elle les confia à M. de *Chavigny*, qui étoit
alors

alors Ambaſſadeur de France à la Cour de Portugal ; elle lui remit auſſi l'état de ſes effets certifié par le Douanier d'*Angola*. M. de *Chavigny* fit faire une traduction de cet état, dont il envoya une copie au Miniſtre en France. Il a pû auſſi lui envoyer un état de tous ſes papiers, puiſque la Dame *de la Bourdonnais* les lui avoit tous remis avec un double du Bilan de ſon mari, montant à 2260000 livres.

De *Liſbonne* la Dame *de la Bourdonnais* a paſſé en *Eſpagne*, où ſes effets ont encore été viſités, & enfin elle eſt arrivée en France, où ils ont eſſuyé de nouveau les mêmes viſites. On voit donc que les verſemens d'effets ſuppoſés par l'Anonyme, & qu'il impute à la Dame *de la Bourdonnais*, ſont de pures calomnies (*a*).

A l'égard du ſieur *de la Bourdonnais*, lorſqu'il eut quitté ſa femme & ſes enfans à *Angola*, il paſſa à *La Martinique*, où ſon Eſcadre reſta. Dès qu'il vit qu'il étoit obligé de laiſſer cette Eſcadre ſous le commandement des Officiers de la Marine du Roi, il ne penſa qu'à ſe débarraſſer des uſtenſiles, linge de table, batterie de cuiſine, vaiſſelle d'argent, & proviſions néceſſaires pour la table d'un Commandant, & qui lui devenoient inutiles. Il fit vendre le tout à la *Martinique*, & ne garda que ſes hardes, du linge à ſon uſage, ſes papiers, le Pavillon de *Madraz*, & environ 24000 livres en or. Voilà tout ce qu'il avoit lorſqu'il paſſa dans une mauvaiſe Barque de la *Martinique* à l'Iſle Saint *Euſtache*, où aſſurément il ne verſa aucuns effets, puiſqu'il n'en avoit point. Par la même raiſon, il ne put pas en embarquer ſur le Vaiſſeau Hollandois qui le conduiſit en Angleterre. Tels ſont cependant les faits dans la plus exacte vérité, & il n'y a aucune preuve au procès qui les démente. A la vûe de ces faits ſi bien circonſtanciés, on croit pouvoir laiſſer à l'indignation du Public le ſoin de donner à l'Anonyme les épithétes qu'il mérite.

(*a*) Elles ſont ſi nombreuſes & ſi connues, que l'on a négligé d'en relever une grande partie. Par exemple, il eſt faux que la Dame *de la Bourdonnais* ait jamais preſenté ſes Enfans à perſonne depuis ſon arrivée à Paris, comme le dit l'Anonyme (page 1.) elle n'a point cherché de pareilles reſſources dans la commiſération de ſes Juges. Certaine de leur équité, & de l'innocence de ſon mari, toutes ſes ſollicitations ſe ſont bornées à demander un prompt Jugement.

NEUVIÉME FAIT.

Les Lettres de Hollande, des Négocians non-suspects, qui demandent la Commission de vente de la grosse partie de Diamans que le sieur de la Bourdonnais, dit-on, portoit ; l'indication des précautions à prendre pour que la quantité de la Marchandise n'en diminuât pas le prix.

REPONSE.

Les ennemis du sieur *de la Bourdonnais*, dès le moment de son départ de *Madraz*, ont fait courir le bruit dans toute l'Europe qu'il emportoit de l'*Inde* vingt millions, tant en argent qu'en Diamans. Ils ont même eu l'impudence de faire imprimer ces fables dans les nouvelles publiques. Est-il étonnant qu'après avoir répandu par tout des faits de cette espéce, il y ait eu des Négocians d'Hollande assez simples pour les croire, & pour demander la Commission de vendre ces Diamans imaginaires ?

Au fond, le sieur *de la Bourdonnais* ne sçait pas si ces prétendues Lettres de Négocians non-suspects de Hollande, ont jamais existé ou non. Il n'en a jamais entendu parler. Mais s'il est vrai que des Négocians d'Hollande lui ayent écrit de pareilles Lettres, comme l'Anonyme le suppose, comment se fait-il que l'Anonyme soit instruit de ces Lettres, & que le sieur *de la Bourdonnais*, à qui elles étoient adressées, n'en ait jamais eu aucune connoissance ?

Après tant de faussetés rassemblées sans jugement, & avec un ton d'animosité propre à rendre & l'Ouvrage & l'Auteur également méprisables, l'Anonyme passe, comme on pouvoit bien s'y attendre, à l'Apologie du sieur *Dupleix*. Elle est courte, parce qu'il ne doute point qu'il ne soit d'avance pleinement justifié par les graces que la Compagnie des Indes a sollicitées & obtenues pour lui, *avant l'instruction de l'affaire de Madraz*. Dans cette persuasion il ne dit qu'un mot sur la nécessité qu'il y avoit de conserver *Madraz*, pour la sûreté de *Pondichery* ; mais il ne fait pas attention que *Pondichery* n'auroit pas été assiégé, si la Capitulation de *Madraz* avoit été tenue (a), & que cette raison même, en la

______

(a) Le sieur *de la Bourdonnais*, suivant son premier plan, sortoit de *Madraz* au plus tard le 10 Octobre. L'Escadre du sieur *Griffin* n'étoit pas en état de tenir devant la sienne ; il falloit qu'elle abandon-

fuppofant vraie, n'auroit pas balancé les Ordres du Roi, qui défendoient expreffément de garder aucune Conquête. À l'égard des avantages qu'il y avoit à tenir le Traité, & des pertes que faifoit la *Compagnie* en le rompant, il déclare qu'il ne veut point entrer dans cet examen.

Il termine fa Lettre par une efpéce de remontrance à MM. les Commiffaires, & par des vœux dont fa paffion ne lui permet pas de fentir toute l'imprudence. Voilà à quoi fe réduit ce Libelle, qui prouve au moins que fi l'on ne réfute pas mieux le Mémoire du fieur *de la Bourdonnais*, c'eft qu'on n'y peut rien répondre de raifonnable.

Enfin, après avoir détruit les Piéces extrajudiciaires que les ennemis du fieur *de la Bourdonnais* ont fabriquées contre lui, il eft tems d'en venir aux Piéces juridiques qu'il oppofe à leurs calomnies.

Ces Piéces font, comme on l'a déja dit, au nombre de trois, fçavoir, deux nouvelles dépofitions, & un Journal ou Etat des Embarquemens faits à *Madraz*.

La premiere dépofition eft celle du Pere *René* Religieux Capucin du Couvent de *Madraz*.

I L A D É P O S É :

1°. *Qu'il n'y avoit eu aucuns effets cachés dans l'Eglife des Capucins.*

2°. *Qu'il a vû long-tems avant l'arrivée du fieur de la Bourdonnais à Madraz, embarquer tous les effets précieux des Anglois fur trois Vaiffeaux, & que le Confeil Anglois n'avoit gardé d'argent qu'autant qu'il lui en falloit pour fournir à fa dépenfe pendant deux mois.*

3°. *Qu'il a vû dans le même tems les Malabares tranfporter par Terre hors de la Ville, tous leurs Effets & leurs Marchandifes.*

4°. *Que tous les Coulis ou Noirs avoient quitté la Ville, & s'étoient fauvés avant le Siége.*

5°. *Qu'il fçavoit du Capitaine & du Subrecargue du Vaiffeau Hollandois que le fieur de la Bourdonnais n'avoit rien fait embarquer fur ce Vaiffeau.*

nât ces mers ou qu'elle fût détruite. Alors que pouvoit entreprendre l'Amiral Bofcawen avec fes feuls Vaiffeaux, puifque les deux Efcadres réunies n'ont pù forcer *Pondichery* ?

6°. Qu'il avoit connoiſſance que le ſieur de la Bourdonnais avoit fait battre un ban avant que d'entrer dans la Ville pour empêcher le pillage, & qu'en effet on n'avoit rien pillé, ni fait aucun tort à perſonne.

7°. Que le ſieur de la Bourdonnais n'avoit rien pris aux Arméniens, ni rien exigé d'eux.

On voit juſqu'ici que cette dépoſition détruit une partie des chefs d'accuſation.

8°. Il a ajouté, *qu'il avoit vû ſortir des Effets de Madraz en ſi grande quantité, qu'il en avoit marqué ſon étonnement au Sr Cotterel (c'étoit le Capitaine du Port à Madraz) & que celui-ci en avoit averti celui qui commandoit alors dans la Ville.*

Ce dernier fait ayant paru important à M. le Procureur-Général de la Commiſſion, il n'a pas crû pouvoir ſe diſpenſer de faire venir ce Religieux à Paris, & de requerir qu'il fût confronté au ſieur *de la Bourdonnais.* Mais lors de la confrontation ce Témoin a déclaré, *qu'il ne ſe ſouvenoit pas ſi ce tranſport de Marchandiſes s'étoit fait pendant le tems que le ſieur de la Bourdonnais étoit encore à Madraz, ou depuis qu'il en étoit parti.* Ce défaut de mémoire du Témoin ſur l'époque préciſe du fait en queſtion, a heureuſement fourni une nouvelle matiere à l'exactitude de M. le Procureur-Général. Il a demandé qu'on lui envoyât de Bretagne le ſieur *Cotterel,* qui arrivoit des *Indes.* Celui-ci entendu en témoignage, a dépoſé, *Que c'étoit pendant le tems que le ſieur* Deſprémeſnil *étoit Gouverneur, ou Commandant à* Madraz, *que le P.* René *étoit venu l'avertir de la prodigieuſe quantité d'Effets & Marchandiſes qui ſortoient ſans ceſſe de la Ville : que lui Témoin alla en porter ſes plaintes au Gouvernement, & qu'à cauſe de la ſurdité du ſieur* Deſprémeſnil, *il s'adreſſa au ſieur* Barthelemy : *que le ſieur* Deſprémeſnil *fit auſſi-tôt des défenſes de laiſſer rien ſortir, mais que ces défenſes n'étoient que pour la forme, puiſqu'un moment après tout ſortoit publiquement comme auparavant ; & que tout eſt ſorti pendant le tems que les ſieurs* Deſprémeſnil *&* Paradis *ont été Gouverneurs* (a).

(a) Il faut obſerver que quand il ſeroit ſorti des effets pendant le ſéjour du ſieur *de la Bourdonnais* à *Madraz,* on ne pourroit lui en faire un crime, parce qu'au moyen du Traité de Rançon, cette ſortie d'effets n'auroit fait aucun tort à la Compagnie. Mais que MM. de *Pondichery,* qui rejettoient le Traité de Rançon pour s'en tenir

Qu'on joigne à ces deux dépofitions du Pére *René*, & du fieur *Cotterel.* 1°. Celles des fieurs *Pichard*, *de Kerangal*, *Duparc*, *de Mainville*, & de cent autres Témoins, qui dépofent *n'avoir vû fortir aucunes Marchandifes des Anglois de* Madraz, *pendant tout le tems que le fieur* de la Bourdonnais *y a été.* 2°. Celles de beaucoup d'autres Témoins dans la Procédure des *Indes*, qui atteftent *que le fieur* Defprémefnil *pendant qu'il a commandé à* Madraz, *& dès le jour même du départ du fieur* de la Bourdonnais, *permettoit aux habitans de faire fortir toutes leurs Marchandifes, moyennant un droit de* 25 *ou* 30 *pour* 100 *qu'il fe faifoit payer.* Qu'on fe rappelle d'un autre côté que c'eft ce même fieur *Defprémefnil*, qui a dépofé *que le fieur* de la Bourdonnais *laiffoit fortir de* Madraz *jufqu'à mille balles de Marchandifes par jour*, & qu'il eft d'ailleurs le feul & unique Témoin fur ce fait, & l'on verra ce qu'on doit penfer d'un homme, qui a eu la noirceur d'attribuer fes propres faits à un autre, dont il connoiffoit mieux que perfonne l'innocence.

Enfin, il y a lieu de croire que fur cet article MM. les Commiffaires poufferont encore leurs réflexions plus loin, lorfque d'un côté ils confidereront quel intérêt le fieur *Defprémefnil*, le fieur *Paradis*, & le fieur *Dupleix* ont eu de perfuader que le fieur *de la Bourdonnais* avoit laiffé fortir toutes fortes de Marchandifes de *Madraz*, & que d'un autre côté ils ne verront ce fait attefté que par le fieur *Defprémefnil* lui-même, & par trois Soldats (*a*) convaincus de faux-témoignage. Toutes ces circonftances rapprochées les unes des autres, fera-t-il difficile d'appercevoir la liaifon qu'elles ont entr'elles, & de toucher au doigt les plus affreufes vérités?

Mais ce qu'on vient de rapporter du fieur *Cotterel*, fur le fait de la fortie des Marchandifes, n'eft qu'une partie de fa dépofition. Le refte n'eft pas moins digne de l'attention du Public. Il eft donc effentiel de l'en inftruire; il eft bon cependant de fçavoir auparavant ce que c'eft que le fieur

---

aux effets qui fe trouveroient dans la Ville, ayent accordé, ou plutôt vendu aux Particuliers la liberté de faire fortir les Marchandifes; il eft évident que c'eft un tort réel fait à la *Compagnie*.

(*a*) Les nommés *Manfo*, *Poulain* & *Montigny*. V. le Mémoire pag. 212 & fuiv.

Cotterel, & de rapporter quelques Anecdoctes qui serviront à éclaircir un des principaux faits de sa déposition.

Le sieur *Cotterel* est un homme, dont la *Compagnie* connoît depuis longtems la probité, & il a toujours joui dans l'*Inde*, de la réputation la plus entiere. Dans l'expédition de *Madraz*, il étoit Capitaine de Port (*a*), & conséquemment, c'étoit lui qui avoit une inspection générale sur tous les embarquemens qui se faisoient ; ensorte que rien ne sortoit de *Madraz* pour passer sur les Vaisseaux*, quels qu'ils fussent, Etrangers ou François, sans le visa du sieur *Cotterel*. Il avoit sous ses ordres les *Brames*, dont la commission étoit de tenir des comptes exacts de tout ce qui s'embarquoit ; & il faut bien observer que c'est sur ces Comptes des *Brames*, contenant en détail tout le chargement des Vaisseaux, qu'on devoit compter à la *Compagnie* du produit de la prise de *Madraz*. De son côté, pour sa propre satisfaction, par un esprit d'ordre, & pour se mettre en état de rendre par lui-même au sieur *de la Bourdonnais*, un compte juste & circonstancié, de tout ce qui seroit embarqué pendant le séjour de l'Escadre à *Madraz*, le sieur *Cotterel* avoit tenu en son particulier, un Journal détaillé de tous ces Embarquemens, jour par jour, article par article, pendant que d'une autre part, le sieur *Desjardins*, Commissaire aux Magazins, avoit tenu un Registre de la qualité & quantité de chaque effet embarqué. On a vû que ce Registre du sieur *Desjardins* a été supprimé par MM. de *Pondichery*: voici présentement quel a été le sort de ces Etats tenus, tant par les *Brames*, que par le sieur *Cotterel*. Ce sont des particularités qui méritent toute l'attention de MM. les Commissaires.

Comme le sieur *Cotterel* n'étoit point obligé par les devoirs de sa Place, de tenir aucuns comptes ni états des effets embarqués, & que ce soin ne regardoit que les *Brames* qui en étoient chargés sous lui, on ignoroit d'abord à *Pondichery*, que le sieur *Cotterel* eut pris gratuitement la peine de tenir un Journal si long & si assujettissant. Ainsi on ne pensoit pas que le compte des effets embarqués, se

(*a*) On a mis mal-à-propos dans le Mémoire que le sieur *Cotterel* étoit Douanier à *Madraz*, | il étoit Capitaine de Port comme on le dit ici.

trouvât conftaté ailleürs que dans le Regiftre du fieur *Des-jardins* , & dans les *Olles* , ou Etats tenus par les *Brames* ; enforte qu'en fupprimant ces *Olles* ou Etats, comme on avoit déja fupprimé le Regiftre du fieur *Desjardins* , on fe flattoit de pouvoir prendre impunément dans les effets embarqués , tout ce qu'on jugeroit à propos , & de ne rendre compte que de ce qu'on voudroit. On fe flattoit d'en être quitte , en difant à la *Compagnie : Meffieurs , voilà tout ce que M.* de la Bourdonnais *nous a laiffé ;* on n'auroit pas manqué d'ajouter qu'il avoit emporté les meilleurs effets, & qu'il avoit même·enlevé les Regiftres, les *Olles* des *Brames* , &c. Peut-être même tout cela a-t-il déja été dit à la *Compagnie.* Quoiqu'il en foit, ce moyen d'acquérir paroiffant tout fimple & fort commode, on ne balança pas à fupprimer, après le départ du fieur *de la Bourdonnais,* ces *Olles* , ou Etats tenus par les *Brames.* Le fait de la fuppreffion eft conftant & dépofé par le fieur *Defprémefnil* & par le fieur *Kerjean.* En un mot, on convient que ces *Olles* ont difparu ; mais comment, & par qui ont-elles été enlevées? C'eft ce que le fieur *de la Bourdonnais* ignore , & c'eft auffi ce que les fieurs *Defprémefnil* & *Kerjean,* ont dit ne pas fçavoir , & il faut noter qu'ils font les feuls Témoins qui ayent parlé de l'enlévement de ces *Olles.*

Long-tems après cette Suppreffion , on en a fenti les conféquences , & l'on a cherché à mettre ce nouveau Délit , fur le compte du fieur *de la Bourdonnais,* ou du moins fur celui du fieur *de la Villebague* fon frere , & du fieur *Desjardins ;* c'eft ce que Meffieurs les Commiffaires , pourront voir par la Procédure faite aux *Indes,* dans laquelle , malgré tout ce qu'on a pû faire , aucun de ces trois Accufés , ne s'eft trouvé chargé. Le fieur *Cotterel* a même été décreté d'affigné pour être oüi dans cette inftruction , & le 5 Décembre 1748 , il fubit un Interrogatoire , dans lequel il affura *que tant qu'il avoit été à* Madraz *, il avoit toujours vû ces* Olles *dans un Pupitre chez les* Brames *, & qu'il n'avoit jamais fçu ni entendu dire , qu'elles euffent été prifes ou perdues pendant le tems que l'Efcadre étoit reftée à* Madraz.

· Enfin le fieur *Dupleix* ayant fçu que le fieur *Cotterel* avoit lui-même un Etat des embarquemens , qu'il fembloit tenir caché, il se figura que cet État, ou Journal, pouvoit bien contenir des articles propres à fournir des preuves contre le sieur *de la Bourdonnais*, & ce soupçon lui fit naître le désir de voir ce Journal. Le sieur *Cotterel* ne l'ayant pas alors sous sa main, répondit qu'il le chercheroit. Cette réponse fut regardée comme une défaite d'un homme qui craignoit apparemment de desobliger le sieur *de la Bourdonnais*, en communiquant une Piéce qui pouvoit lui être desavantageuse. Dans cette persuasion, le sieur *Dupleix* donna ordre qu'on assignat le sieur *Cotterel* pour l'obliger de représenter ce Journal, dans lequel on comptoit faire quelque grande découverte. De son côté, le sieur *Cotterel* assigné, ne voulut point le remettre, à moins qu'il n'y fut condamné par un Jugement du Conseil, & qu'outre cela, le Greffier ne lui en donna un récépissé en bonne forme. Ces conditions piquerent encore plus la curiosité du sieur *Dupleix*, & fortifierent ses soupçons. Il fit donc rendre par le sieur *Guillard*, Commissaire du Conseil de *Pondichery*, & sur les Conclusions du sieur *le Maire*, Procureur Général, le 17 Fevrier 1749, une Ordonnance qui contraignoit par corps le sieur *Cotterel*, à déposer au Greffe le Journal en question. Celui-ci satisfit à cette Ordonnance, & remit au Greffe la Piéce tant désirée, dont le Greffier lui donna son récépissé le même jour 17 Fevrier 1749.

Ce Journal est la derniere des piéces dont on a cru devoir instruire le public; il sera imprimé à la suite de ce Supplément, & l'on y verra qu'en Marchandises, Agrès, & Apparaux, le sieur *de la Bourdonnais*, indépendamment des 1100000 Pagodes de rançon, tiroit de *Madraz* au moins quatre millions en nature. Que tout cela est-il devenu ? Cette piéce prouve d'ailleurs que le sieur *de la Bourdonnais* n'a rien fait embarquer pour son compte, & d'un autre côté l'on n'a jamais prétendu qu'il ait rien fait sortir par terre; ensorte qu'il est évident qu'il n'a rien emporté ni par terre ni par mer. Mais revenons à la déposition du sieur *Cotterel*, & suivons-la article par article.

En parlant de ce Journal contenant l'état de tout ce qui s'étoit embarqué, il a déposé *que le sieur* Dupleix, *après avoir lû & examiné ce Journal, qui, loin de charger le sieur* de la Bourdonnais, *faisoit au contraire sa justification, avoit*
demandé

demandé à lui Témoin, POURQUOI IL N'AVOIT PAS BRULE' CETTE PIECE; *à quoi il avoit répondu, qu'il l'avoit gardée pour servir à la justification de qui il appartiendroit : que sur cela le sieur* Dupleix *lui avoit demandé pourquoi il avoit toujours pris contre lui le parti du sieur* de la Bourdonnais, *en ajoutant* QU'IL AVOIT LE DIABLE AU CORPS * POUR LUI FAIRE DE LA PEINE : *que lui Témoin avoit repliqué qu'il avoit toujours pris le parti du sieur* de la Bourdonnais, *parce que c'étoit celui de la justice & de la raison ; qu'il seroit toujours partisan de la vérité, & que, si lui sieur* Dupleix, *n'avoit pas eu tort, il se seroit mis de son côté.*

Cette partie de la déposition du sieur *Cotterel* ne demande point de commentaire. Le reproche que le sieur *Dupleix* a fait au Témoin *de n'avoir pas brûlé le Journal* en question, marque assez que si la suppression de cette piéce avoit dépendu de lui, il ne l'auroit pas épargnée. Quand on voit d'ailleurs ce même sieur *Dupleix* proposer amicalement au sieur *de la Bourdonnais* dans une Lettre du 29 Septembre 1746. (a) de supprimer toutes leurs Lettres & *celles du Conseil,* (b) & que d'un autre côté on le voit supprimer très-réellement , & lacerer à la vue de MM. de *Pondichery* une Délibération du Conseil qui lui déplaisoit, à qui attribuera-t'on l'enlevement des *Olles* ou Regiſtres tenus par les *Brames,* qui ont conſtamment diſparu depuis le départ du sieur *de la Bourdonnais,* la ſuppreſſion des Livres Anglois , s'il eſt vrai qu'ils ſoient ſupprimés , comme le ſuppoſe le dernier Ecrit Anonyme, & la ſuppreſſion des Livres du sieur *Desjardins,* qui ſe trouvent conſtamment perdus, quoiqu'il ſoit bien prouvé par un Acte de décharge en bonne forme, qu'il les avoit remis à MM. du Conseil de *Madraz ?*

Sur le fait du Vaiſſeau Hollandois (c) le sieur *Cotterel* a dépoſé *qu'il avoit vû ce qui y avoit été embarqué, que tout conſiſtoit en meubles, comme chaiſes, & canapés, vivres, & choſes ſemblables; qu'il n'y avoit rien pour le compte du sieur* de la Bourdonnais; *qu'il n'y avoit ni* Bouées, *ni* Orins *aux Caiſſes ; que c'étoit lui Témoin qui fourniſſoit les Chelin-*

* On ne ſçait ſi cette expreſſion eſt écrite dans la dépoſition du sieur *Cotterel* ; mais il eſt certain que le sieur *Dupleix* s'en eſt ſervi comme on le dit.

(a) Les Piéces, N°. LXXXI. pag. 132 & 133.
(b) V. la Note, page 226 & | ſuiv. du Mém.
(c) V. le Mém pag. 259.

G

gues après que le service de la Compagnie se trouvoit fait ; ce qui faisoit qu'elles partoient tard , mais qu'elles partoient de jour. Il a ajouté une circonstance très-remarquable, sçavoir ; *que le sieur* David Boutet, *Capitaine de ce Vaisseau Hollandois , étoit venu plusieurs fois à* Pondichery, *pendant qu'on instruisoit le Procès des sieurs* de la Villebague & Desjardins, *& qu'il y avoit demeuré des* 8 *&* 15 *jours de suite , sans qu'on l'ait fait déposer , parce qu'on sçavoit bien qu'il diroit la vérité, & que sa déposition seroit entiérement à la décharge du sieur* de la Bourdonnais.

Sur l'article de l'emprisonnement des Arméniens (*a*); le sieur *Cotterel* a déposé *qu'ils n'avoient été arrêtés qu'à la requisition des Anglois , & pour les obliger de contribuer à la rançon : que dès l'instant qu'ils furent convenus de leurs conditions avec les Anglois , ils furent relâchés , & que le sieur* de la Bourdonnais , *loin de rien exiger d'eux pour son compte , avoit même obligé l'un des principaux & des plus riches d'entr'eux , nommé* Coja Petrus, *de recevoir le payement de quelques piéces de Chite qu'il l'avoit chargé d'acheter, & dont cet Arménien vouloit lui faire présent ; que lui témoin tenoit tous ces faits de* Cojas Petrus *lui-même.*

Sur le présent de cent mille Pagodes prétendu fait au sieur *de la Bourdonnais ,* il a déposé *que c'étoit une calomnie ridicule.* Il a ajouté, *que jamais personne n'avoit mieux servi la* Compagnie *que le Sr* de la Bourdonnais, *& que sans lui elle n'auroit peut-être plus d'établissemens aux Indes : que toutes les accusations qu'il voyoit , soit dans la Plainte dont on lui venoit de faire lecture en France, soit dans celle qu'on lui avoit lûe aux Indes, n'étoient que des calomnies sorties de chez le sieur* Dupleix, *d'où elles couroient par tout de bouche en bouche.*

Pour le prouver, le sieur *Cotterel* auroit pû encore rendre compte dans sa déposition d'un fait particulier que voici.

Dans sa traversée des *Indes* en Europe, il étoit sur le Vaisseau LE PRINCE, que commandoit le sieur *de Beaubriant ,* qui est depuis peu de tems de retour en France. Ce Capitaine ayant un jour dans la conversation marqué une prévention violente contre le sieur *de la Bourdonnais,* le sieur *Cotterel* lui demanda ce qui pouvoit le faire si mal penser d'un homme , qui avoit l'estime de tant d'honnêtes

(*a*) V. le Mémoire pag. 201.

gens. Quelque chofe qu'on m'en puiffe dire, répondit le fieur *de Beaubriant*, un fait le décide à jamais dans mon efprit. Hé quel eft donc ce fait, dit le fieur *Cotterel*? C'eft, reprit le Capitaine, le vol d'un certain Diamant de prix qu'il a efcamoté à la Dame *Mederos* (*a*). Si le fait étoit vrai, répondit le fieur *Cotterel*, vous auriez grande raifon de le juger par ce feul trait, mais il eft d'une fauffeté reconnue. Cela n'eft pas poffible, répliqua le Capitaine, puifque je le tiens du fieur *Dupleix*, qui me l'a attefté comme un homme fort inftruit de la vérité. Hé bien, dit le fieur *Cotterel*, le fieur *Dupleix*, quoiqu'encore mieux inftruit de la vérité que vous ne le penfez, vous en a impofé, & fi vous refufez de me croire fur ma parole, il ne tient qu'à vous de vous en convaincre tout-à-l'heure par la bouche d'un Témoin non fufpect que vous avez à votre bord ; c'eft, continua le fieur *Cotterel*, le fieur *de la Métrie*, gendre de la Dame *Méderos* propriétaire du Diamant en queftion, & c'eft précifément celui des mains de qui ce Diamant a paffé dans celles du fieur *de la Bourdonnais* ; vous pouvez le faire venir, & lui demander ce qui en eft ; il vous dira que le fait eft abfolument faux ; que c'eft lui-même qui a vendu pour la Dame *Mederos* fa belle-mere le Diamant dont il s'agit au fieur *de la Bourdonnais*, qui lui en a payé ou fait payer le prix convenu. Il peut encore vous dire que le fieur *Dupleix* ayant un jour à *Pondichery* débité en ma préfence la même calomnie, qui vous a fi fort prévenu contre le fieur *de la Bourdonnais*, j'ofai lui foutenir qu'il étoit fort mal informé, & que je lui produifis pour Témoin, comme je fais aujourd'hui, le fieur *de la Métrie* lui-même, qui lui protefta devant moi qu'en effet le Diamant avoit été bien vendu & bien payé. Le ton affuré du fieur *Cotterel* étonna le fieur *de Beaubriant* ; & comme l'information étoit trop facile pour n'être pas faite fur le champ, il fit appeller le fieur *de la Métrie*, qui confirma mot pour mot tout ce que le fieur *Cotterel* venoit de dire.

Cet éclairciffement conduifit infenfiblement à un autre. On rapprocha les époques, & l'on trouva que le prétendu vol du Diamant avoit été certifié au fieur *de Beaubriant*

(*a*) V. le Mémoire pag. 246,

par le fieur *Dupleix*, long-tems après l'atteftation contraire que lui avoit donnée fur ce fait le fieur *de la Métrie*. On conçoit bien que cette derniere découverte mit le fieur *Dupleix* à la place du fieur *de la Bourdonnais* dans l'efprit du Capitaine, & il y a apparence qu'il la confervera long-tems.

Par ce dernier trait, & par beaucoup d'autres qui fe trouvent répandus, foit dans le Mémoire du fieur *de la Bourdonnais*, foit dans les Piéces juftificatives, on voit affez que le fieur *Cotterel* ne s'eft pas trompé, lorfqu'il a dit dans fa dépofition qu'il ne reconnoiffoit dans tous les faits de la plainte, qu'un affemblage des calomnies enfantées fous fes yeux dans la maifon du fieur *Dupleix*, & accrédi-tées enfuite dans le Public par les bons offices de fes Emif-faires. En peut-on douter, en effet, lorfqu'en remontant à la fource, & en fuivant le progrès de cette malheureufe affaire, on n'y découvre pour Délateurs, pour Parties fe-cretes, pour principaux Témoins que le fieur *Dupleix* & fa fa lle ?

On ne fçauroit d'abord difconvenir que ce ne foit fur les Mémoires du fieur *Dupleix* que le fieur *de la Bourdonnais* a été arrêté, & que les faits de la Plainte ont été dreffés. C'eft donc lui qui a furpris par un tiffu de fauffetés la Religion d'un Miniftre univerfellement connu par la droiture de fes vûes, & celle même d'un Roi fi particuliérement diftingué entre les Sou-verains, par fa haine pour l'injuftice.

Qu'on ne dife pas pour excufer la noirceur de fes accufa-tions que le Sr *Dupleix* n'a péché que par erreur & par un ex-cès de zèle : qu'on ne cherche point à le difculper, en difant qu'il n'a crû que foutenir les droits de fa Place, & les *intérêts* de la Compagnie des *Indes*. Il eft clairement prouvé qu'il n'a pû fe tromper, & qu'il ne s'eft trompé en effet, ni fur l'un ni fur l'autre point. Il a fçu, & tout le Confeil de *Pondichery* a fçu comme lui, & ils ont expreffément reconnu les uns & les au-tres dans leurs Lettres (*a*) que le Commandement de tous les Vaiffeaux de la *Compagnie*, & conféquemment de toutes les Troupes qui s'y trouveroient embarquées, étoit confié par le Roi & par les Miniftres au fieur *de la Bourdonnais* feul. Pourquoi donc le fieur *Dupleix* s'eft-il emparé du Comman-

(*a*) V. les Piéces, N°. CXVI.

dement de ces Vaiſſeaux & de ces Troupes ? Pourquoi a-t-il abuſé du nom du Roi juſqu'au point de défendre au nom de Sa Majeſté aux Capitaines de l'Eſcadre d'obéir au ſieur *de la Bourdonnais* (a), qu'il reconnoiſſoit pour le ſeul homme à qui le Roi eût donné le droit de les commander ? Pourquoi a-t-il donné des ordres de l'enlever mort ou vif ? Pourquoi l'a-t-il expoſé à ſe perdre avec ſes Troupes & ſes Equipages, en lui donnant, par la plus inſigne perfidie, un faux rendez-vous à *Merguy* (b).

C'eſt encore s'abuſer viſiblement, que d'imaginer que le ſieur *Dupleix* ait pû croire de bonne foi qu'il avoit le droit de commander à *Madraz*. Tout prouve que cette prétention chimérique n'a jamais été qu'un prétexte. N'en trouve-t-on pas des preuves non-équivoques dans ſa conduite ? Avant le Siége de *Madraz*, & même dans les premiers jours qui ont ſuivi la priſe de cette Ville, non-ſeulement il n'a laiſſé entrevoir au ſieur *de la Bourdonnais* aucune idée de cette prétention, mais il a même formellement reconnu que le Commandement dans *Madraz* appartenoit au ſieur *de la Bourdonnais* ſeul, puiſqu'il a été juſqu'à le complimenter ſur ſon titre *de Commandant à Terre*, & à le féliciter ſur *la ſatisfaction qu'il avoit de commander dans un endroit fameux, qui n'eſt au Roi*, ajoutoit-il, *que par la conquête que vous en venez de faire*. Ce ſont les termes d'une Lettre du ſieur *Dupleix*, du 23 Septembre (c). Quels motifs l'ont donc porté dans la ſuite à diſputer ce Commandement au ſieur *de la Bourdonnais* ? Qu'on les cherche dans les événemens qui ont ſuivi. Qu'y-trouvet-on, ou plûtôt que n'y découvre-t-on pas ? D'abord on y voit rompre au hazard, ſans cauſe, ſans prétexte, & ſans examen, un Traité ſolemnel juré & ſigné entre deux Nations. On y voit le ſieur *Dupleix* & un Conſeil eſclave de ſes volontés, violer eux-mêmes les paroles qu'ils avoient données, & les engagemens perſonnels qu'ils avoient contractés ? Qu'on leur demande pourquoi ils ont ainſi manqué au droit des gens & à la foi publique. Eſt-ce pour l'honneur du

---

(a) C'eſt ſurtout lorſque le ſieur *Dupleix* a empêché les Capitaines d'aller ſecourir quatre Vaiſſeaux prêts à périr, que ſa conduite révolte d'avantage. V. le Mém. dage 112 & ſuiv.

(b) Voyez les Piéces, N°. CLXXXIX & la Note (c) du même N°.

(c) V. les Piéces, N°. LX, page 95.

nom François ? Eſt-ce pour l'interêt de la *Compagnie* ? Eſt-ce enfin par des vûes particulieres d'avarice & de cupidité ? Quelle que ſoit leur réponſe, on ne ſçauroit ſur ce point les juger que par les faits. Or quels faits ont été les ſuites funeſtes de cette étonnante conduite ?

Madraz conſervé contre les Ordres du Roi les plus précis & les plus formels ; *Madraz* fortifié avec des dépenſes conſidérables, dont nos Ennemis ont ſeul profité ; *Pondichery* bloqué, aſſiégé ; le Commérce de la Compagnie interrompu depuis pluſieurs années ; la Guerre allumée entre les Naturels du Pays & les François ; Guerre qui coute des ſommes immenſes à la *Compagnie*, & qui par la ceſſation du Commerce lui cauſe des pertes infinies : Voilà dans l'exacte vérité ce qu'a produit la rupture du Traité de *Madraz*.

Dira-t-on que la *Compagnie* eſt dédommagée d'ailleurs de tant de dépenſes, de pertes & de malheurs ? En quoi ? C'eſt à elle-même qu'on en appelle, ou plûtôt c'eſt à la notoriété publique qu'on s'en rapporte. Que ſont devenus ſes Vaiſſeaux ? Les uns ont péri ; les autres ont été brûlés par les Ennemis ; d'autres ont été forcés de s'échouer. Enfin, pour ne point compter tous les avantages des nouvelles entrepriſes qu'on a fait manquer au ſieur *de la Bourdonnais*, où la Compagnie trouvera-t-elle un bénéfice qui la dédommage des 14 ou 15 millions de rançon que le Traité lui procuroit honorablement, ſans riſques & ſans dépenſes ? Eſt-ce dans l'augmentation de ſon Commerce groſſi par la ruine du Commerce Anglois ? Tout le monde ſçait que pas un habitant de *Madraz* ne s'eſt établi à *Pondichery*, & le traitement fait aux Marchands *Maures* par les Srs *Friel* & *Paradis* ne nous aprend que trop combien les Naturels du Pays ont été éloignés de commercer avec MM. de *Pondichery*. Eſt-ce dans le produit de *Madraz* mis au pillage, que la *Compagnie* a trouvé un profit ſupérieur aux 15 millions de rançon ? C'eſt ici qu'on attend les Apologiſtes anonymes du Sr *Dupleix*. Que diront-ils à la vûe du brigandage affreux que leur atteſtent les derniers Témoins produits par M. le Procureur-Général de la Commiſſion ? Que peut aujourd'hui penſer la *Compagnie*, quand on lui fait voir que ces Hommes qu'elle a juſqu'ici honorés d'une confiance & d'une protection ſinguliere, ſont eux-mêmes ſeuls coupables des crimes qu'ils ont fauſſement imputés au fieur *de la Bourdonnais* ? Eft-il poffible que fur ce point il lui refte quelques doutes , lorfqu'elle voit d'un côté le fieur *Dupleix* employer la rufe & l'artifice , & forcer toutes les régles pour donner le Commandement de *Madraz* au fieur *Paradis* ; (a) & que d'un autre côté on lui prouve que ce fieur *Paradis*, mis en place avec tant de prédilection par le fieur *Dupleix*, emportoit de *Madraz* à *Pondichery* une quantité de coffres & de malles dont le fieur *Dupleix* interdifoit la vifite aux Commis de la Douane , pendant qu'il leur étoit d'ailleurs enjoint de vifiter avec la derniere rigueur tout ce qui arrivoit de *Madraz* à *Pondichery* ? Enfin la *Compagnie* peut-elle fermer les yeux fur les preuves non fufpectes que l'inftruction lui fournit ? Peut-elle ne pas reconnoître jufqu'à quel point elle a été trompée , quand des hommes , dont la probité & l'attachement lui font connus , & qu'elle regarde elle-même comme des Témoins irréprochables, lui affurent , & atteftent à la face de la Juftice , que c'eft fous le Gouvernement des fieurs *Defprémefnil* & *Paradis* , & non pas pendant le féjour du fieur *de la Bourdonnais* à *Madraz*, qu'on a laiffé fortir en fraude tous les Effets de cette Ville.

C'eft dans cette conduite des Gouverneurs placés à *Madraz* par le fieur *Dupleix* qu'on pénétre , ou plutôt qu'on voit à découvert les véritables motifs des efforts qu'a faits le fieur *Dupleix* pour avoir le Commandement dans cette Ville. Peut-on fe diffimuler la liaifon de la caufe à l'effet , quand on confidere que s'il n'avoit point difputé le Commandement de *Madraz* au fieur *de la Bourdonnais* , le parti du rançonnement avoit lieu , & que le Traité de rançon fubfiftant , il n'y avoit plus de pillage à efpérer dans la Ville ?

Faut-il encôre ajouter à l'évidence de ces réflexions des circonftances qui les confirment ? L'inftruction n'en fournit que trop pour l'honneur du fieur *Dupleix*. Qu'y a-t-il en effet de plus propre à fortifier ces premieres preuves, que la fuppreffion générale de tous les Livres & papiers qui pouvoient fournir des renfeignemens fur l'état de *Madraz* , & fur le produit de cette prife ? Par quelle fatalité toutes

(a) V. les Piéces , Nº. CCXXI , || à la fin CCXXX. §. 13. CCLIII,
pag. 7 & 8. CCXXII. CCXXVII, || page 28.

ces piéces ont-elles difparu ? Pourquoi les Livres de la Compagnie Angloife, qui exiftoient encore à *Madraz*, lorfque le fieur *de la Bourdonnais* en eft parti, ne fe trouvent-ils plus ? Pourquoi les Journaux du fieur *Desjardins* Garde-magazin, remis entre les mains de MM. de *Pondichery*, qui en ont donné décharge, font-ils éclipfés ? Pourquoi les *Olles*, ou feuilles des *Brames*, qui ont fubfifté jufqu'au départ du fieur *de la Bourdonnais*, fe trouvent-elles perdues ? Quel coup étrange du hazard a fait périr tout à la fois tant de piéces précieufes difperfées dans des dépôts différens ? Enfin lorfque le zèle d'un Officier attaché depuis longtems au fervice de la *Compagnie* en fauve une qu'on ignoroit, & qui femble fuppléer à la perte de presque toutes les autres, pourquoi le fieur *Dupleix* eft-il le feul qui fe plaigne de la confervation de cette piéce unique ? Pourquoi, dans l'impoffibilité de la fupprimer, en regarde-t-il l'exiftence, comme un Témoin qui peut le deshonorer & le perdre ? Enfin pourquoi dans les premiers tranfports de fon dépit lui échappe-t-il de faire des reproches fi vifs au Confervateur de cette piéce, *de ce qu'il ne l'a pas brûlée ?*

Quand on fuivra la gradation de tous ces faits, on verra fans peine le double intérêt qu'a eu le fieur *Dupleix* de s'oppofer au rançonnement de *Madraz*, & d'accufer le fieur *de la Bourdonnais* d'avoir diverti les richeffes de cette Ville. On reconnoîtra en même-tems que le fieur *Defprémefnil* fon gendre, & les fieurs *Friel*, & *Kerjean* fes neveux, n'ont pas été moins perfonnellement intéreffés à appuyer toutes fes calomnies.

Mais fi jufqu'ici ils ont réuffi dans une partie de leur projet, on croit pouvoir dire qu'ils ont échoué dans l'autre, puifqu'ils n'ont pû prouver aucun des crimes qu'ils ont eu la méchanceté d'imputer au fieur *de la Bourdonnais*, & qu'au contraire ils fe font décélés eux-mêmes. Ce n'eft pas en effet le fieur *de la Bourdonnais* qui a cherché à les faire connoître. Nul d'entr'eux ne fçauroit lui refufer la juftice d'avouer qu'il ne lui eft échappé fur leur compte aucun fait inutile ou étranger à fa défenfe. Il peut même affurer que ce n'eft pas fans regret qu'il s'eft vû obligé de rétorquer avec force contre le fieur *Defprémefnil*, les accufations dont ce Témoin l'a chargé fi indignement ; il auroit voulu pouvoir ménager

ger

ger davantage dans fa perfonne, le fils d'un pere qui a toujours été eftimé par fa probité, & le frere ou le proche pa-
rent de beaucoup d'honnêtes gens, dont il feroit à fouhaiter
qu'il eût mieux fuivi les confeils & les exemples. Enfin fi
les ennemis du fieur *de la Bourdonnais* reffentent aujour-
d'hui tout le poids de l'indignation publique, dont ils ont
cherché à l'accabler, ils ne peuvent s'en prendre qu'à eux-
mêmes, puifque ce font leurs propres écrits, leurs lettres,
leurs déclarations, leurs dépofitions, qui fervent tout à la
fois à les confondre, & à juftifier le fieur *de la Bourdonnais*.

Signé, MAHE' DE LA BOURDONNAIS.

LE Confeil fouffigné, qui a lû le Supplément de Mémoire ci-deffus, eft d'avis que les trois premieres Piéces y énoncées ne méritent par elles-mêmes aucune forte
de confidération ; qu'elles y font d'ailleurs réfutées de la
maniere la plus folide, & que les trois dernieres Piéces
fourniffent de nouvelles preuves de l'innocence du fieur *de
la Bourdonnais* & de la noirceur des calomnies dont on a
voulu le rendre la victime.

Délibéré à Paris ce 19 Janvier 1751.

COCHU, MALLARD.

CHARGEMENT

FAIT à *Madraz*, des Vaiffeaux de l'Efcadre Françoife, année 1746.

La Piece fuivante eft une des plus décifives qui foient au Procès. On y voit jufqu'au moindre cordage, tout ce qui a été embarqué à Madraz fur l'Efcadre du Sieur de la Bourdonnais : ainfi elle prouve qu'il n'a rien emporté par mer de cette ville pour fon compte. S'il en avoit détourné par terre quelques effets, après fon départ le fieur Dupleix ne pouvoit manquer de les trouver, & l'on en feroit informé depuis long-tems en France : il n'en a pas été queftion dans toute l'affaire ; on doit donc conclure que le fieur de la Bourdonnais n'a certainement détourné aucuns effets de la ville de Madraz, ni par terre ni par mer.

CHARGEMENT
DU BRIGANTIN LE BRILLANT.

A *Madraz* le 26 Septembre 1746.

Ce Brigantin étoit une des deux prifes que l'Efcadre avoit faites au commencement de Septembre ; le fieur de la Bourdonnais le fit partir le 4 Octobre chargé de cordages pour les Ifles, où il portoit la nouvelle de la prife de Madraz. Lorfque ce Vaiffeau arriva à l'Ifle de France, le fieur David en occupoit le gouvernement.

26 Sep. 1746.	1 Grelin d'Europe de	.	8 pouces.
	1 Do.	Id.	6
	1 Do.	Id.	$8\frac{1}{2}$
	1 Auffiere	Id.	5
	1 Id.	Id.	8
	1 Id.	Id.	5
	1 Id.	Id.	9
	1 Id.	Id.	5
	8 Pieces Cordages d'Europe.		

A

Id. Sep. 29   2 Bariques Araque.
               4 Grattes.
              14 Pieces même Cordage d'Europe.

        29.   1 Cable d'Europe de   16 pouces $\frac{1}{2}$
               1 D°.   Id.   18
               1 D°.   Id.   11 $\frac{1}{2}$
               1 D°.   Id.   17 pouces.
              30 Sacs de Ris.
               2 Dabars de Mantaigue.
              13 Sceaux de Cuir pour jetter l'eau.

30 Sep. 1746.   1 Cable d'Europe de   9 pouces.
                1 Grelin D°. de   4 pouces.

                1 Cable d'Europe de   12 pouces.
                2 D°.   Id.   11
                2 D°.   Id.   12
                4 D°.   Id.   11
                1 D°.   Id.   9
                1 Piece Auffiere , Id.   4 pouces.

        30   1 Cable d'Europe de   10 pouces.
                1 D°.   Id.   11
                1 Piece Auffiere de   4 p. $\frac{1}{2}$
                1 D°.   4
                1 D°.   3 $\frac{1}{2}$
                1 D°.   3
                1 Petit Cable de   9 pouces.

3 Oct. 1746.   1 Baril de Gaudron.
                2 Baril de Bray graffe.
                1 Barique Bœuf falé.
                4 Sacs de bled.
                2 Dabars de Mantaigue.
                4 Sacs de bifcuit.

Chargement du Vaiſſeau le Lys, à Madraz le 27 Septembre 1746.

Dans le coup de vent du 6 Avril, ce Vaiſſeau fut dé-maté : comme il marchoit le plus mal de l'Eſcadre, il ne pouvoit qu'embarraſſer dans une expédition de guerre, & le ſieur de la Bourdonnais l'envoya le 28 Septembre à Pon-dichery pour y prendre la Carguaiſon pour Europe, que le ſieur Dupleix avoit promiſe. On a vû dans le Mémoire qu'aulieu de charger ce Vaiſſeau, le ſieur Dupleix lui def-fendit d'obéir au ſieur de la Bourdonnais, qui cependant le ramena aux Iſles avec l'Achille.

27 Sep.1746.

1 Mortier de Bronze de   12 pouces $\frac{1}{2}$

1 D°.   9 $\frac{3}{4}$

2 Canons de bronze de 2 livres de calibre avec leurs affuts à roues & avantrain.

2 Canons de fer de 6 livres de calibre avec leurs affuts & avantrain.

1 Mortier de fonte de 6 pouces avec ſon affut.

Chargement du Vaiſſeau le S. Louis, à Madraz le 26 Septembre 1746. fini le 7 Octobre.

Les réparations dont le S. Louis avoit beſoin, détermine-rent le ſieur de la Bourdonnais à l'envoyer auſſi à Pondi-chery où il devoit prendre ſa Carguaiſon pour l'Europe, & aller enſuite ſe faire caréner en paſſant à l'Iſle de France. On ſçait que le ſieur Dupleix ne lui permit pas de ſuivre ces Ordres, & que l'ayant gardé dans l'Inde, ce Vaiſſeau fut obligé de s'échouer à Mahé, pour n'être pas pris par les Anglois.

A ij

26 Sep. 1746. 2000 Sacs de Salpêtre.
        604 Balles de Drap. } Pour remettre
        11 Caiffes D°.   à Pondichery.

    1 Paquet de Frife.
  17 Barique de Viande falée.
  17 Pipes Daraque.
   6 Barique Ditto.
120 Sacs de ris.
    1 Grelin de   8 pouces $\frac{1}{2}$
    1 D°. de   5 pouces.
    1 Grelin de   4 pouces.
    3 D°. de   3 $\frac{1}{2}$
    2 D°. de   2 $\frac{1}{2}$
    8 Pieces cordages de   2 pouces.
    1 Grelin de   6 pouces.
    1 Pipe de Vin de Xerés.
    6 Vaches.
    1 Cable de   12 pouces.
    6 Pieces de Quaranthunier.
    1 Cable de Kaire de   16 pouces.
7 Oct. 1746. 100 Sacs de Bled.
    5 Dabars de Mantaigue.
  10 Sacs de Dal ou Quichery.
    1 Canafte de fucre.
    6 Barils de Gaudron.
    1 Baril de Bray graffe.
    1 Pipe de Tamarin.

Chargement du *Vaiffeau* le Duc d'Orleans.

Celui-ci étant deftiné pour fuivre le fieur de la Bourdon-nais dans fes expéditions, il y avoit fait embarquer les plus gros mortiers; mais tout périt dans le coup de vent du 13 Octobre, il ne s'en eft fauvé que fix hommes.

27 Sep. 1746.   1 Mortier de Bronze de   13 pouces.
              1 D°.   Id.   9 $\frac{1}{4}$

2 Canons de fonte de 2 livres de calibre avec leurs affuts à roues.
2 Canons de fer de 6 livres avec leurs af-futs & avantrain.
2 Affuts pour Mortier avec leurs plattes bandes & anspects.

Du 1 Oct.	1	Pacquet de frise.	
Du 4.	1	Cable d'Europe de	15 pouces.
	1	Grelin Id. de	6 pouces.
	1	Auffiere de	$4\frac{1}{2}$
	1	Do.	4
	2	Do. de	6
	1	Do. de	4
Du 8.	17	Bariques de Viande falée.	
	17	Do. pour le Lys.	
Du 9.	14	Pieces de quaranthunier.	
	1	Cable de Kaire de	14 pouces.
	6	Bœuf.s	
Du 10.	1	Cable d'Europe de	13 pouces.
	15	Pipes Daracques.	
	9	Bariques Do.	
	61	Quarteaux Do.	
Du 11.	4	Barils de Gaudron.	
	12	Barils de Bray.	
	1	Grelin d'Europe de	9 pouces.
	2	Pipes de Vin de Madere.	
	120	Sacs de Bled.	
Du 12.	80	Sacs de Bled.	
	2	Pipes de Tamarin.	
	200	Sacs de Ris.	
	10	Dabars de Beurre.	
	1	Cloche,	
	40	Braffes de vieux Cable.	
	1	Barique de fucre.	
	1	Baril de Bray.	
	8	Barils de Cloux.	
	2	Bariques de Sel.	
	14	Pinces ou pied de Chèvre de fer.	

	24 Pieces de Salampouris pour pavillons.	
	4 Cuirs.	
13 Oct. 1746.	120 Sacs de Bled.	
	12 Salampouris blanches.	
	1 Rouleau de plomb.	
	2 Auffiere de Kaire de	6 pouces.
	2 D°. de	5
	2 D°. de	$4\frac{1}{2}$
	1 D°. de	4
	13 Pieces D°. de	$3\frac{1}{2}$

Chargement du Vaiffeau la Charlotte, *ci-devant* la Princeffe Marie.

C'eft une prife Angloife faite à Madraz, nommée auparavant La Princeffe Marie. *Le Sieur* de la Bourdonnais *l'avoit fait charger à Madraz ; elle fut dématée dans le coup de vent, déchargée & laiffée dans la même rade fous le commandement du Sieur* de la Villebague. *Le Sieur* Dupleix *l'envoya fous les ordres d'un autre Capitaine à la Côte Malabare, où ce Vaiffeau a coulé bas, & l'Equipage a péri de mifere.*

1746. Sep. 26.	160 Buches de bois rouge.	
Du 27.	160 Sacs de Salpêtre ci	Salpêtre. 160.
Du 28.	480 Sacs Salpêtre, ci	480 D°.
Du 29.	260 Sacs D°. ci	260 D°.
Du 30.	360 Sacs D°. ci	360 D°.
Oct. 2.	60 Sacs Salpêtre	60 D°.
	1 paquet de frife.	
Du 3.	280 Sacs Salpêtre	280 D°.
Du 4.	480 Sacs D°. ci	480
Du 5.	240 D°.	240
		Total 2320 Sacs

Du 6.	De l'autre part	2320 Sacs
	3 Auffieres d'Europe de 2 ½	
	3 Dº. 2	
	1 Barique de Vin rouge.	
Du 8.	32 pieces de quaranthunier	
	2 Grelins d'Europe de 8 pouces	
	2 Auffieres de 3	
	1 Dº. de 2 ½	
	4 Dº. 3 ½	
	1 Dº. 4	
	1 Grelin de 7 pouces	
	78 Balles de marchandifes	
	ci	78 Bal.
Du 9.	1 Cable de Kaire de 13 pouces	
	3 Bœufs	
	78 Balles marchandifes.	78
Du 10.	150 Efteres pour grenier.	
	6 Bœufs.	
	238 Balles marchandifes.	238
	21 Balles de Drap.	21 drap.
Du 11.	1 Pipe de Vin de Madere.	
	21 Voilles faites.	
	49 Balles marchandifes	49
	9 Balles de drap	9
Du 12.	1 Vergue.	
	1 Maft de peroquet.	
	1 Bout de hors.	
	4 Barils Gaudron.	
	8 Balles Toille à voille d'Europe en piece	8
	105 pieces Toille à voille en pieces.	
	1 Cloche.	
	35 Voilles faites.	
	2 Boucauts fil à voille.	

Total 2320 Sacs & 481 Balles

	De l'autré part	2350 Sacs &	481 B.
	1 Affierre de 5 pouces.		
	1 D°. de 6 pouces.		
	49 Balles marchandifes		49
	21 Sacs pleins de gargouf-fes.		
1746.Oct.12.	48 Bariques viande falée.		
Du 13.	8 Pieces de Kaire de	2 pouces ½	
	7 D°. de	2	
	7 D°. de	1 pouce ½	
Oct. 19.	24 Balles de marchandifes		24
	1 Mats de hune.		
	4 Dabars de mantaigue.		
	30 Sacs de Ris.		
Du 20.	2 Vergues.		
	1 Mats d'hune.		

Total 2350 Sacs & 554 B.

Débarquement dudit Vaiffeau la Charlotte, *après le coup de Vent.*

1746.Oct. 21 au 25	3 Balles envoyées à bord du Vaiffeau l'Achille d'un Vaif-feau à l'autre		3
	541 Balles débarquées à Madraz	541	541
	544 Balles ci	544 D.	544 B.
	Il manque		10 B.
	Defquelles il y a 8 Balles de toille à voille		8
	De marchandifes il manque		2 B.
Du 25.	9 Bariques de viande falée débarquées.		

Chargement

Chargement du Vaisseau le Neptune.

Il fut chargé à Madraz *, dematé le* 13 *Octobre , laissé à* Pondichery *, renvoyé par le Sieur* Dupleix *à* Madraz *où les Anglois l'ont brulé sous le canon de la Ville.*

SÇAVOIR :

		Sacs de Salpêtres.	Balles de marchand.
1746. Sep. 26	2 Barils de Bray.		
	10 Troncons vieux cable.		
Du 28.	240 Sacs de Salpêtre,	240 sacs,	
Du 29.	2 Barils de Bray.		
	24 Troncons de Cable.		
	540 Sacs de Salpêtre,	540	
Du 30.	520 Sacs de Salpêtre,	520	
Du Oct. 1.	20 Sacs de Salpêtre,	20	
Du 2.	160 Sacs de Salpêtre,	160	
	1 Paquet de frise.		
Du 3.	2 Barils de Bray.		
	420 Sacs de Salpêtre,	420	
Du 4.	140 Sacs Dº.	140	
Du 5.	198 Balles marchandises,		198 B.
Du 6.	462 Balles Dº.		462
Du 7.	2 Canastes Sucre.		
	125 Sacs de Ris.		
	1 Grelin d'Europe de 7 pouces.		
	1 Cable de 10 pouces.		
	3 Aussieres de 4		
	2 Dº. de 3 $\frac{1}{2}$		
	450 Balles marchandises,		450
	6 Bœufs.		
	1 Cable d'Europe de 16 pouces.		
Du 8.	1 Grelin d'Europe de 9 pouces.		
	1 Dº. 8 $\frac{1}{2}$		
	1 Dº. de 8		
	9 Pieces quaranthunier.		

Total 2040 Sacs & 1110 B.

Montant de l'autre part 2040 Sacs & 1110 B.
108 Balles de marchandifes, ci   108

	17 Pipe de viande falée.
	6 Barils de Bray.
Oct. 10.	8 Pipes ou Legres Daraque.
	25 Quarteaux Daraque.
	1 Barique ditto.
D°. 11.	100 Sacs de Bled.
	5 Dabars de Baure.
	1 Pipe de Vin de Madere.
	10 Sacs de Dal ou quichery.
	1 Chaloupe.
	2 Grapins.
Du 12.	6 Cuirs.
	1 Vieux bout de Cable de 30 braſſe pour Europe.
Du 13.	1 Auſſiere de Kaire de 6 pouces.
	1 D°. de 6 pouces.
	3 D°. de 5
	5 D°. de 4
	1 Pipe de Tamarin.
	1 Ancre de 3000 livres pefants
Du 20.	1 Mats de hune.
	1 Vergue.

Total 2040 Sacs   & 1218 Balles.

Chargement du Vaiſſeau le Phœnix.

Ayant auſſi perdu ſes Mats dans la même tempête, il ne revint plus à la Côte, & fit route pour l'Iſle de France, où il ne put ſe rendre que 15 jours après le ſieur de la Bourdonnais. Il y fut condamné, étant abſolument hors de ſervice.

1746. Sep. 29	1 Cable d'Europe de	13 pouces.
	1 Ancre pefant	1400 liv.
Octobre 1	1 Pacquet de Frife.	
Du 4	1 Cable d'Europe de	18 pouces.

```
              1 D°. de                        17
              1 D°. de                         8
              1 D°. de                         9
              1 D°. de                         8 ½
              5 Pieces Cordages de             2 pouces.
Du 5   1 Ancre pefant                  3500 liv.
       1 Ancre D°.                     3000 liv.
Du 6  40 Braffes vieux Cable pour Fil-
            caret & Etoupe.
Du 7  17 Pipes de Viande falée.
       6 Barils de Gaudron.
       1 Cable d'Europe de             9 pouces.
       1 D°. de                        8
       2 Pieces Cordages de            4
       2 D°. de                        3 ½
       8 D°. de                        2 ½
Du 8   6 Bœufs.
      10 Pipes Daraque.
Du 9  125 Sacs de Ris.
      100 Sacs de Bled.
       10 Sacs de Dal ou Quichery.
        5 Dabars de Mantaigue.
        1 Pipe de Tamarin.
        1 Canafte de Sucre.
        1 Pipe Daraque.
        1 Barique Daraque.
Du 11   7 Barils ou Quarteaux Daraque.
        2 Barils de Gaudron.
        4 Cuirs.
        7 Avirons.
       20 Paquets de Rotin.
Du 12  49 Caiffes d'Armes de 25 fufils,
            Bayonettes, &c.
        2 Jares d'Huile.
       20 Sacs de Sel.
       36 Pieces de Salampouris écrus.
Du 13   1 Mortier de Bronze de      9 à 10 pouces.
        1 Mortier Id. de                9
```

6 Barils de Cloux.
3 Mortiers à Grenades Royales
    & leurs affuts.

2 Cables de Kaire de	7 pouces,
2 Pieces de	4
5 Pieces de Kaire de	3 $\frac{1}{2}$
1 Pieces D°. de	5 pouces.

Chargement du Vaiſſeau le Bourbon.

Ce fut un des plus maltraités le 13 Octobre. Le fieur de la Bourdonnais *le laiſſa à* Pondichery, *où le fieur* Dupleix *voulut s'en fervir pour une de ſes Expéditions fur* Goudelour. *L'entreprife ayant manqué, les* Anglois *forcerent ce Vaiſſeau de s'échouer devant* Pondichery.

1746. Sep. 27	2 Chaifes roulantes.	
Octobre 1	1 Paquet de Frife.	
Du 7	17 Pipes de Viande falée.	
Du 8	1 Cable d'Europe de	9 pouces.
	3 Pieces Cordages de	3 pouces,
	1 Piece Id. de	3 $\frac{1}{2}$
	1 Grelin de	7 pouces.
	1 Auffiere de	8 pouces.
	5 Pieces Cordages de	2 $\frac{1}{2}$
	6 Pieces de	2
Du 9	1 Cable de Kaire de	15 pouces.
	3 Bœufs.	
	7 Pipes Daraque.	
	1 Pipe de Tamarin.	
Du 10	28 Quarteaux Daraque.	
	1 Barique de Sucre.	
	2 Quarteaux Daraque.	
Du 11	1 Pipe de Vin de Madere.	
	1 Grelin d'Europe de	5 pouces,
	1 D°. de	4 $\frac{1}{2}$

```
    2 Barils de Gaudron.
    5 Barils de Bray.
  100 Sacs de bled de Suratte.
  125 Sacs de Ris.
    5 Dabars de Mantaigue.
   10 Sacs de Dal ou Quichery.
```

Du 12   1 Cable d'Europe de   12 pouces.

```
    1 Grelin de                 6 pouces
    1 Piece de                  3 ½
    1 Cable d'Europe de        16 pouces.
    5 Cuirs.
   20 Sacs de Sel
    1 Mortier de fonte de       8 pouces.
    1 Mortier Id. de          8 à 9 pouces.
    6 Barils de Cloux.
   26 Pelles de bois ferrées.
    3 Mortiers de fonte à grenades
       Royales avec leur affuts.
    4 Cuirs.
   60 Sacs de Bled.
    2 Barils de Gaudron.
    1 Aussiere de Kaire de       5 p. ½
    2 Dº. de                     5 pouces.
    1 Dº. de                     4 ½
    1 Dº. de                     4
   16 Piecs de                   3 ½
    3 Pieces de                  2 ½
```

Dû 17   2 Ancres enjouallés de   3000 liv. chaque.

Du 19   4 Vergues.

Chargement du Vaisseau l'Achille.

Ce Vaisseau que montoit le Sieur de la Bourdonnais fut démâté de tous mâts six jours après être forti de l'Isle de France, remâté à l'Isle Marote, démâté encore à Madraz, remâté avec des bouts de mâts, ramené aux Isles, battu d'une tempête affreuse en doublant le Cap, & con-

duit par le Sieur de la Bourdonnais *jusqu'à la Marti-*
nique, d'où il est revenu en France. C'est le seul de tous
ces Vaisseaux qui ait fait son retour en Europe.

1746. Sep- tembre 30.	1 Paquet de Frise.
	1 Palanquin emballé.
	3 Figures de cuivre, Divinités des Gentils.
	1 Palanquin emballé.
	1 Paquet de Tableaux avec leurs glaces.
	1 Grande Caisse.
	2 Sacs remplis de figures de cuivre , Divi- nités des Gentils.
	2 Tableaux.
Octobre 4.	1 Chaise roulante.
	1 Tableau.
	1 Chaise à porteurs.
	2 Lanternes.
	1 Miroir.
	1 Balle FP. N°. 34, cy ⸳ ⸳ 1 Balle.
Du 7.	2 Cables d'Europe de 9 pouces.
	2 D°. de 8 ½.
	1 Aussiere de 6
	2 D°. de 5
	1 D°. 4 ½
	3 D°. 4
	3 Piéces de 3 pouces.
	12 Pipes de viande salée.
Du 8.	2 Aussieres d'Europe de 4 pouces.
	1 Cable de 9
	2 Piéces de 3 ½
	12 Pipes de viande salée.
Du 9.	2 Pipes de Tamarin.
	1 Cable de Kaire de 16 pouces.
	1 Pipe de Farine.
	1 Barique de Graisse.
Du 10.	7 Piéces Cordages d'Eu- rope de 3 pouces.

1746. Octo-bre 10.	6 D°. de	2 ½
	2 D°. de	2

MB Deux Caiſſes.

4 Caiſſes ſans marque.

Du 11.	1 Cable d'Europe de	10 pouces.
	1 Grelin de	7 ½
	3 D° de	6
	2 D°. de	5
	1 Cable de	8 pouces.
	1 D°. de	19 pouces.

2 Piéces de quaranthunier.

4 Barils de Gaudron.

11 Cuirs.

28 Haches Darmes.

10 Pipes Daraque.

46 Quarteaux Daraque.

6 Bœufs.

1 Caiſſe ſans marque & numero.

1 Barique Daraque.

Du 12.	240 Sacs de Bled.

2 Pipes de Vin de Xeres.

34 Sacs de Biſcuit.

23 Bariques de Farine.

1 Cloche.

1 Baril de Cloux.

3 Sacs de Cloux.

10 Haches d'armes.

1 Rouleau de Plomb laminé.

6 Torquettes de fil de fer.

6 Bœufs.

	2 Cables d'Europe de	18 pouces.

51 Bariques de viande ſalée.

2 Pipes de Vin de Madere.

1 Barique d'Huile.

2 Quarteaux de Sucre.

Du 13.	1 Auſſiere d'Europe de	8 pouces.
	2 Grelins d'Europe de	9 ½
	7 Cuirs.	

1746. Octo-   40 Braſſes de vieux Cable d'Europe.
bre 13.   4 Caiſſes de Criſteaux.
    2 Caiſſes marquées [MBR] cy   2 Caiſſes.
90 Sacs de Bled.
21 Pipes Daraque.
    1 Auſſiere de Kaire de   7 pouces.
    1 D°. de   6
    2 D°. de   4
    2 Piéces de $3\frac{1}{2}$
    4 Piéces de   2

Du 17.   2 Chelingues chargées de différentes pou-
        lies , cap de mouton, mocques , &c.
50 Sacs de Ris.
    3 Rouleaux de Plomb en table.

Du 18.   1 Auſſiere d'Europe de   4 pouces.
    2 Auſlieres de Kaire de   5 p. $\frac{1}{2}$
    6 Piéces id. de $4\frac{1}{2}$
    1 D°. de $3\frac{1}{2}$
    1 D°. de   4
    2 D°. de   6 pouces.
    2 D°. de $5\frac{1}{2}$
    4 D°. de   2
    2 D°. de $3\frac{3}{4}$
    1 D°. de $2\frac{1}{2}$
    2 D°. de   2
    2 Piéces de Lignes.
    1 Auſſiere d'Europe de   5 pouces $\frac{1}{2}$
200 Sacs de Ris.
    2 Chelingues chargées de différentes poulies,
        cap de mouton, mocques , &c.
    1 Pipe d'Huile.
    1 Canot neuf.

Du 19.   1 Mats de hune.
    9 Piéces vergues , matéreaux & eſparts.
18 Sacs de Dal.
25 Dabars de Baure.
    5 Piéces de bois de Tek travaillées pour
        Longis & Barres d'hune , &c.

1 Pipe

1746. Octobre 19.   1 Pipe de Tamarin.

    1 Chaudiere.

    6 Sacs de Souphre.

  200 Différentes Poulies.

   67 Sacs de Ris fin blanc.

Du 20.   2 Pipes de Vin de Madere.

   70 Sacs de Ris ordinaire.

    5 Saçs de Dal ou Quichery.

   25 Dabar de Baure.

    1 Ancre pesant 4923 liv.

    1 Pipe de Tamarin.

    7 Mortiers de bois avec leurs pillons pour piller le Ris.

    1 Caisse de Miroirs.

 600 Boulets de 12 à 14 & 16 liv.

   20 Barils de Poudre de guerre.

1 GF M B }			1 Balle.
2 G M B }			2
S F M B }			1
S O M B }			2
C P MB }			1

                  cy 7 Balles.

    2 Pipes de Sel.

Octobre 21.   2 Palanquins pour Messieurs de Font-Brune & Rostaing.

    3 Bamboux pour lesdits Sieurs.

    2 Malles.

N°. 1 à 7 Sept Caisses de 4000 Piastres chaque.

    1 Jarre d'Huille.

    1 Barique de Sel.

    1 Dabar de Mantaigue.

    2 Bariques Daraque

12 Torquettes de fil de fer.
 2 Sacs de Fil à voile de Bengale.
50 Sacs de Bled.
 1 Ancre pesant 2500 liv.
50 Sacs de Ris fin.
 2 Palanquins emballés.
 2 Bamboux.
400 Boulets de 12 , 14 & de 16 liv.
 1 Barre de Gouvernail.
 1 Mats de hune.

Octobre 22.   1 Barique Aracque.

2 Caisses marquées $\begin{Bmatrix} MB \\ BV \end{Bmatrix}$ cy   2 Caisses.

2 Balles marquées $\begin{Bmatrix} MB \\ AH \end{Bmatrix}$ cy   2 Balles.

Chargement de 5. Tonis pour Pondichery.

Especes d'embarcations du pays, dont la charge étoit destinée pour Pondichery.

13 Oct. 1746.   Le Tonis de Cadré poullé chargé de 60 Saumon
            Plomb.
            Le Tonis de mouna poullé de   80
            Le Tonis Dapatchy poullé   100
            Le Tonis de Mirana Maracayan   60
            Le Tonis de Vingata chety   60
            5 Tonis chargés de Plomb.   360 Saumons.

Lesquels ont péris & coulés à fond la nuit du
13 au 14 Octobre dans le coup de vent.

Du 26. *Chargement du Tonis de Miranaya poullé.*

Sçavoir,

41 Grapins de différentes pesanteurs.
60 Saumons de Plomb.

Chargement du Tonis *de Saïdou Monhamet.*

SÇAVOIR,

27 Oct. 1746.   4 Gros Grapins avec des anneaux aux pattes.
150 Saumons de Plomb.

Nota. *Ces deux derniers* Tonis *ont été expé-diés pour Pondichery.*

Chargement du Tonis *de* Moëlian Nainam.

SÇAVOIR;

3 Gros Grapins avec un anneau aux pattes.
150 Saumons de Plomb.

Je fouffigné certifie avoir remis au Greffe du Confeil Supérieur une Copie du préfent Livret, pour y avoir été contraint & condamné par corps : ce que j'ai fait ce jour dix-fept Février 1749.   Signé *COTTEREL.*

Les autres Vaiffeaux dont il n'eft point parlé dans cet Etat *étoient reftés à* Pondichery *& n'ont point paru a* Madraz *du tems du fieur de* la Bourdonnais.

ur du Roi pour la Muſique, & Noteur de la Chapelle
h-de-Beauvais, à Sainte Cécile, 1751.

* Il faut obſer... ce Compte